JN336691

じゃぁ、そろそろ
運動しませんか？②

――金槌親父がたった2年でトライアスロン236km――

新見正則
帝京大学准教授

株式会社 新興医学出版社

プロローグ

プロローグ

ホテルで夕食

　2012年9月2日（日）21時30分．佐渡の佐和田の町には花火が上がっています．朝6時に始まった佐渡国際トライアスロンの制限時間15時間半，その制限時間を知らせる花火が，夜の21時30分に上がるのです．その頃，僕はホテル八幡館の食堂で家族で夕食をしていました．この日に，佐渡国際トライアスロンAタイプ（236km）に出場して無事に完走し，ホテルに戻ってきたのです．宿を出たのは朝の4時，朝6時に3.8kmの水泳（スイム）を開始して，8時頃から190kmの自転車（バイク），そして15時頃から42.2kmのフルマラソンを完走し，20時18分58秒にゴールしたのです．つまり14時間18分58秒で236kmを無事完走したのです．そして，少々休憩し，駐車場から自分で車を運転し，家族を乗せてホテルにもどり，さっとお風呂に入り，いま食事のテーブルについたところですね．そしてビールをゴクリとのんで，いろいろと食卓の食材をつまんでいます．食欲はしっかりとあります．思ったよりも元気な自分に，本人自身も家族もむしろびっくりしています．

　大学を卒業してからは運動にはほとんど縁がなく，2年前から，金槌の50歳親爺が一念発起水泳を習い始め，そして何故かトライアスロンに挑戦し，翌年51.5kmのトライアスロンを何とか完走しました．そして，水泳挑戦から丁度2年で，日本で一番距離の長いトライアスロンを完走したのです．そんなある意味馬鹿げた挑戦をして，いろいろなものが違った角度から見えました．健康のヒントなどをつれづれなるままに書き下ろしていきます．是非楽しんで読んで下さい．トライアスロンと縁がない方も．

トライアスロン目次

プロローグ 3
ホテルで夕食

いざ決戦 7
競技説明会／選手登録／キッズトライアスロン／バイクのセッティング／就寝21時／起床3時半／車で会場に／スイムスタート／トランジション／バイクパート／ランパート

こだわりの道具達 39
トライパンツ／ウエットスーツ／ゴーグル／テンポトレーナー／曇り止め／クラゲ防止／ワセリン／自転車／ヘルメット／バイクシューズ／バイクジャージ／サングラス／手袋／加圧ストッキング／アームガード／アンダーウエア／サイクルコンピューター／予備のタイヤ／工具／空気入れ／ガスボンベ／弁当ボックス／DHバー装着ドリンクシステム／ランシューズ／帽子／心拍数計／パワーゲル／メダリスト®

たった2年でアイアンマン 49
ロードマップ／アイアイマンになるとは／まず泳げるようになること／そしてバイクに乗れるようになること／最後に走れるようになること／最終的には強い胃腸を／

目次

まず始めよう／仲間を作ろう／ともかく続けよう／ランニングシューズを買おう／バイクを買おう／ゆっくり大会に出よう／競技に慣れよう／コーチに習おう／体を休めよう／ともかく自分で試そう／アイアンマンのためのスイム練習を／アイアンマンのためのバイク練習を／アイアンマンのためのマラソン練習を／下見をしよう／健康とは何か？

徒然なるままに御礼 ……65

竹谷さんのペダリング講習／那須サイクリングクラブ／藤原裕司さんのゆる体操／小松崎真さん，お世話になりました／TIスイム／筋トレのパーソナルトレーナー／やっぱりATA十条／そもそもなぜ筋トレを始めたか

あとがき ……76

いざ決戦

SADO Island Long Distance INTERNATIONAL TRIATHLON
第11回佐渡ジュニアトライアスロン大会

2012.9.1

入門・ちびっこ：	SWIM 50m	BIKE 1500m	RUN 600m
キッズ ：	SWIM 100m	BIKE 2500m	RUN 1000m
ジュニア ：	SWIM 200m	BIKE 5000m	RUN 1800m

いざ決戦

競技説明会

　佐渡には本番の2日前に入りました。本番の前日に佐渡キッズトライアスロンがあり娘がそれに挑戦するために決戦の前日ではなく，2日前に会場入りしたのです。

　朝6時前に東京の自宅を出発。走行距離が10万キロ近くなった愛車スバルレガシーの荷台には自転車が2台載っています。僕と娘の自転車です。ふたりで佐渡のトライアスロンに出場するためににいざ出発です。応援団長の家内ももちろん同乗しています。まっすぐ新潟に向かうのではなく，東北道を那須に向かいます。我が家の愛犬，ビションフリーゼの小雪ちゃんを姉に預けるためです。姉に無事小雪を預けてから，東北道を北上し，そして郡山インターチェンジから磐越道を経由して新潟に向かいました。新潟港発の昼のフェリーに乗り，そして佐渡東岸の町，両津に到着。その後，まっすぐに会場のある佐渡西岸の町，佐和田に向かいます。競技説明会のあるアミューズメント佐渡をめざしました。同時に行われる日本選手権以外の競技説明会は金曜日と土曜日の16時15分からです。僕は金曜日の競技説明会に参加しました。明日の午後は，家族で金山にでも行こうと計画しているからです。たくさんのトライアスリートがすでに会場には集まっています。初めてのロングディスタンスのトライアスロン大会にてどうも要領がつかめません。なんだか落ち着かないのですね。そわそわして。落ち着いてしっかりと説明を聞いたつもりですが，なんだか気もそぞろで，佐渡トライアスロン出場の必須条件である競技説明会に出たという事実を作るための出席といった感じでした。

選手登録

選手登録は金曜日の13時から17時と，土曜日の10時から17時です。僕は金曜日の16時頃に選手登録を済ませました。番号は1574番です。佐渡国際トライアスロンのAタイプ男子は1000番から始まり，最初の数人が招待選手ですが，その後は年齢順に番号が振られます。つまり，自分の番号より少ないナンバーの人は自分より若い，自分の番号より大きな数字の人は僕より年齢が高いということです。

手首にIDバンドを巻いてもらって終了です。このIDバンドは，以前はとても嫌でした。どうも窮屈に感じて不愉快だったのです。昔は腕時計も嫌いでしたから。トライアスロンを始めてからは，心拍数をモニターする器械が，腕時計タイプのために，時計をする習慣は身につきました。そして時計と一緒に，IDバンドをゆるめに巻くと，それほど気にならないことが判明してからは，IDバンドはあまり苦ではなくなりました。IDバンドをキツキツに腕に巻くと，その違和感と，圧迫感で本当に不愉快なのです。そんな経験を他のトライアスロン大会でひとつずつ済ませていくことが大切です。また，スイムの時に被る赤色のスイムキャップと，バイクとランに使用するゼッケン，そしてヘルメットとバイクに貼るゼッケンをもらいました。

キッズトライアスロン

佐渡国際トライアスロン大会の前日，土曜日に佐渡キッズトライアスロン大会があります。僕の娘もエントリーしています。僕は小学校低学年でプールの後に中耳炎を頻回に繰り返し，今日で言うド

いざ決戦

クターストップで，以後一切泳いでいません。ですから全くの金槌です。そんな水泳コンプレックスを子どもには持ってほしくないので，娘が9ヶ月の時から，母親とベビースイミングに通っています。そして8歳の今まで水泳は続いているのです。ですから水なんて娘は全く怖くないのですね。そんな娘のお陰で始めた水泳です。丁度2年前の8月末の土曜日に仕事の関係でホテルに泊まりました。幸い家族で泊まれました。そのホテルにプールがあり，娘がプール遊びを切望するので，僕が保護者として同伴したのですね。水泳パンツは履いて，でもいつもの遠近両用メガネをかけて保護者モードでいました。ところが小学校1年生であった娘に，「パパ泳ごうよ」と言われて，泣く泣く水と戯れているうちに，なぜか娘と一緒に本当に泳いでみたいと思うようになりました。そしていろいろなご縁がありボツボツ泳げるようになったのです。そんな娘とまさか一緒にトライアスロンの大会に出るとは，2年前はまったく思ってもいないことです。でも親子でスポーツ大会に出るというのは本当に嬉しいものですね。

　さて，娘の競技説明会は競技当日です。場所は佐渡の河田小学校の体育館。受付を済ませて，みんなで体操をして，競技説明を聞いて，そして本番です。保護者は体育館の隅で見守っています。

　娘はちびっこクラスです。翌日の佐渡国際トライアスロンと同じ会場を使用します。スイムは50m，バイクは1,500m，そしてランが600mです。娘は精一杯頑張っています。親の応援の方がむしろ熱が入りますね。そして翌日の大人のゴールと同じゴールを駆け抜けて終了です。ものすごい自信なったようですね。ゴール直後の写真も堂々として，そして晴れ晴れしく，満足感で一杯の表情です。本当によかった。親子で一緒にトライアスロンをやって。そんな思いがこみ上げる瞬間でした。

その娘，実は3週間前に肩甲骨を骨折しました。愛犬の小雪を抱いて階段を下りるときに，最後の段で足を踏み外し，足がスリップして，背中から落ちました。小雪を守るために抱いたまま転倒したので，背中を直接ぶつけたようです。その後，どうも元気がなく，肩甲骨の痛みが長く続くので，数日後にレントゲンを撮ると，なんと肩甲骨がぱっかりと割れているではないですか．整形外科の医師は，3週間後のトライアスロンはとんでもないといったモードですね．ところが娘はこの日のために，この佐渡の晴れ舞台のために頑張って練習したり，他の大会で予行演習をしたのに，何としても佐渡のキッズトライアスロンに出場したいのです．骨折に良いという食材を一生懸命食べました．小魚，牛乳，チーズなどなどを．けなげですね．そして三角巾で手をつって安静を保って．子どもの回復力は素晴らしく，14日後には学校のプールで泳げたと威張っています．そして自転車は片手でも運転できると言います．ランはなんとかなるでしょう．そんな努力が実ったのか，結局出場することになったのです．そして見事に完走しました．そんな経験も今後の娘の人生にとって自信になることでしょう．

バイクのセッティング

　娘のトライアスロンは午前中に終了です．午後からは僕の明日の本番に向けてのバイクのセッティング，トランジションの用意です．土曜日の13時30分からトランジションエリアがオープンになります．トライアスロンはスイム，バイク，ランと3つの競技を連続して行うので，次の競技に移る用意をすることをトランジションと言います．その準備が結構大変なのですね．何度もトランジションのイメージトレーニングを積んだのですが，なかなか心のなかで

いざ決戦

まとまりません。最後は，できることしかできないと腹をくくって，そして用意にとりかかります。

　まず何と言っても自転車のセットですね。自転車は前輪と後輪を外して，車に積んで東京から運んできました。前輪と後輪を装着して，実際に乗ってみて，乗り心地，ブレーキのきき具合，そして変な音がしないか，変速器はちゃんと作動するかなどを確認しました。そして自転車のサドルの下にゼッケン番号が記載されたシールを貼り，自分のゼッケン番号1574が記してあるトランジションエリアにセットします。タイヤの空気を最終的にチェックして，これで自転車本体の用意は大丈夫でしょう。

　次に補給の用意です。バイクのトップチューブ（ハンドルとサドルを結ぶパイプのこと）にゲル食品を貼りつけるのです。ゲル食品は長い距離の運動用に開発されているものでいろいろなメーカーのものがあります。僕の場合はパワーゲルの梅以外の味を用意しました。つまりレモンライム，バナナ，トロピカルフルーツ，グリーンアップルの4種類です。41gで116kcalあります。

　トップチューブのハンドル寄りには弁当ボックスと称する小さな入れ物が装着されています。その中には，種なし梅と，塩飴と，メダリスト®の粉が既に入っています。明日朝には塩がきいたお赤飯の小さなおにぎりを数個入れる予定です。ほかにパンクに備えて空気入れのための小さなボンベ，そして小さな工具が収まります。

　さて，補給は何より大切です。ロングディスタンスのトライアスロンで最も大切なものが補給と言われています。佐渡国際トライアスロンでは190kmのバイクパートに補給用のサービスが13カ所もあります。7カ所は食べ物も補給できるエイドステーション（AS），他6カ所は飲み物主体のウォーターステーション（WS）です。順番に20km地点の相川栄（WS），32km地点の戸中（WS），43km

地点の高千（AS），55 km地点の岩谷口（WS），72 km地点の鷲崎（AS），86 km地点の浦川（WS），105 km地点の住吉（AS），118 km地点の水津（WS），129 km地点の豊岡（AS），138 km地点の多田（WS），147 km地点の赤泊（AS），160 km地点の小木（AS），168 kmの村山（AS）の13カ所です。しかし，競技説明用のパンフレットを見ても初出場の僕にはまったくイメージが湧きません。そして大会が用意してくれている食材がどんなものかも記載されていません。佐渡トライアスロンの情報をネットで調べても，結局よくわかりませんでした。また制限時間すれすれでの完走を目指す僕にとっては，僕が通過する時間帯ではすべて食材が出払っているかもしれません。つまり，最低限の食事，つまり自分に要求されるエネルギーは自分のバイクに乗せて確実に補給する必要があります。そこで到達した結論がトップチューブにパワーバーを貼りつける方法です。もちろんトラアスロンの本番や練習での自転車走行で既に実験済みです。弁当ボックスのすぐ後ろから，パワーバーの切り口に沿ってビニールテープで固定すると，片手で切り口から外せるのですね。つまり，そのままきゅっと絞ってゲルを食べられる状態で切り離せます。素晴らしいではないですか。これを10個装着しました。30分に1個食べる勘定です。バイク開始から30分後に1つ，60分後にもうひとつ，すると10個目は5時間後になりますね。10個が装着できる限界のようです。トップチューブには弁当ボックスとそれに続く10個のパワーゲルでサドルの近くまで一杯です。弁当ボックス内には小さな赤飯が数個入る予定です。それを食べれば，7時間から8時間は補給ができることになります。

　現在の僕の実力で最高のバイクタイムは7時間と想定しています。何とか8時間では走りきりたいのです。だって最後のフルマラソンは苦手ですから。パワーゲルは10個あれば，約1,100 kcalです。

いざ決戦

結構甘いので、その味に飽きたときには弁当ボックスに忍ばしている塩味のきいた小さな赤飯おにぎりをほおばるのです。お赤飯の小さなおにぎりは6個で300kcalぐらいでしょうか。

　ロングディスタンスのトライアスロンでの僕のカロリー消費量は9,000kcalと想定しています。スイムが1,000kcalで、バイクとランがそれぞれ4,000kcalというざっくりした計算です。長時間にもわたる有酸素運動では基本的に脂肪を燃焼してエネルギーにします。脂肪は1kgで9,000kcalですので、脂肪が1kg減る計算です。しかし、脂肪燃焼では補えないような急なエネルギーを必要とする状態では糖質が不可欠になります。無酸素運動時や自転車で坂を登るときなどがそれにあたります。糖質は脂肪と異なり体に蓄えがほとんどありません。体重の0.5%と言われていますので、僕の体では約350gです。炭水化物は1g4kcalにて、およそ1,400kcalしか炭水化物では補えません。そこで、常時、ある程度の糖質を補給していないと、脂肪があってもエネルギーギレになるのです。いかに食べ続けられるかが、ロングディスタンスのトライアスロンを完走するための最大のキーポイントになります。

　次は水の補給です。以前那須サイクリングクラブで200km近いロングライドで、水だけを補給したところ、お腹がチャプチャプになり、その後、水を一切受け付けなくなりました。そこでメダリスト®の粉を約500mLの水に溶いて飲むと、そんな胃のチャプチャプ感はありませんでした。これらもすべて本番前に実験するのです。どんな飲料が自分には適切で、どんな割合で飲めば、延々と自転車の上で気持ちよく過ごせるかを体験するのです。僕で上手くいく方法が他の方で上手くいくとは限らないのですね。自分に合ったやり方や、自分に合った製品をさがすのが大切です。僕の結論はメダリスト®の使用でした。そしてそのためにはメダリスト®の粉を

たくさん必要としました。弁当ボックスにはお赤飯のおにぎりなどが入るので，メダリスト®の袋は4個が精一杯。水の補給はエイドステーションやウォーターステーションで，手渡される配給ボトルでもいいのですが，それではメダリスト®の粉を走りながらバイク上で混ぜることは困難です。そこでDHバーの間に挟むプロファイルデザインのボトルを装着することにしたのです。DHバーは自転車のハンドルに装着する第二のハンドルみたいなもので，両肘をそのバーの付け根に乗せて，そして両手でそのバーの先端を持つことで楽な姿勢で長時間走れるようになります。そのDHバーの間に挟むボトルです。太いゴムバンドでDHバーから挟み込んで固定します。少々ぶらぶらしますが，特段問題はありません。ハンドルより前方に満タンで0.5kgボトルが付くので，少々ハンドリングが悪くなります。しかしそんな犠牲を払っても有益性の方がはるかに残ります。だって飲み方はボトルから出ているストローでチュウチュウ吸えばいいのですね。ですから，水分補給のたびに片手運転をしなくても済むのです。DHバーポジションでは，すでに前傾姿勢になっており，目の前にストローがあります。そのボトルのまわりに，たくさんメダリスト®の粉の袋をビニールテープで貼りました。6個です。作戦は，ボトルをもらうと，DHバーに挟まれた給水システムのふたを開けて，ボトル内に水を足す。そしてそこからメダリスト®の粉を入れれば完了です。これも本番前に何回も試しました。ちなみにこのシステムの欠点は，ストローの役をするチューブがなんといってもゴム臭いのです。気持ち悪くなるくらい。そこで，そのゴムチューブはお茶やコーヒーに浸して，嫌な臭いを消しました。そんな努力もしたのです。

　そして明日の給水ボトルに入れる水のために，1Lのミネラルウォーターのボトルをコンビニで買って，トランジションエリアに

いざ決戦

置きました。

　そして次はパンク時の対処の確認です。僕の本番用の自転車のタイヤはチューブラータイヤと言います。ママチャリのようにタイヤの中にゴムチューブが別に入っているタイプはクリンチャータイヤと言います。チュブーラータイヤはママチャリのゴムチューブのまわりを直接堅いゴムで覆い、それがそのままタイヤとして機能していると思えばよいのです。つまりパンクすると、タイヤごと交換します。つまりタイヤを携帯しているのです。僕の場合はサドルの下にチューブラータイヤを折りたたんでしっかりと留めています。その留め具合が大丈夫かの確認です。走行中にタイヤをなくしたのでは、パンクに対応できませんからね。しっかりと固定されていることを確認してオーケーです。そして空気入れも確認します。CO_2ボンベも持参していますが、最後は手動の空気入れの出番ですよね。しかし、実は自分1人で競技中にパンクを修理したことはまだありません。これが最大の弱点ですね。いままで数回パンクしていますが、すべて仲間がそばにいて、一緒にパンクの修理をしてくれました。パンク修理の練習はしていますが、本番でやったことはなく、それが妙に心配なのですね。パンクすると僕の場合では少なくとも15分はかかりそうですから。

　さて、次は自転車以外の道具のチェックですね。僕はトライパンツで泳ぎます。これは水着であり、かつ自転車にも乗れて、そして走れるパンツです。ワンピースタイプもありますが、ワンピースではトイレが面倒に思えるので、僕はパンツだけです。自転車にも乗れるように、パッドもついています。またランニングがしやすいようにパッドはあまり大きくはありません。レーシングパンツのような大きいおしりのパッドはランには邪魔ですからね。

　実は、このパンツの選択も相当悩みました。最初はすべて着替え

ようと思ったのですね。水着で泳いで，自転車用のレーシングパンツに着替えて，そしてランニングの時はランニングパンツに履き替えるという作戦です。これは彩湖での27.5kmのトライアスロンや，潮来での51.5kmのトライアスロンで試しましたが，僕には新しいパンツの変更はあまり快適に思えなかったのですね。それよりも同じパンツで通した方が，そして余った時間でゆっくりと補給や気分転換をした方が自分のペースらしかったのです。

　トライパンツですべてを通すと決めたので，着替えは上着と靴下です。そして上着も靴下もバイクとランで同じものを使用するという結論に至りました。上着は那須サイクリングクラブのサイクルジャージでバイクもランも通します。那須サイクリングクラブの黄色地に緑の牛柄が妙に気に入っています。家族にも他の人と判別がしやすく大変に好評です。

　靴下はリガードという医療用メーカーが出している加圧タイプのストッキングです。この加圧タイプのストッキングは日常でもいつも履いています。そして運動時もこの加圧タイプのストキングを着用した方が，やっぱり足が楽なのですね。欠点は履きにくさです。特にスイム直後の濡れた足では本当に履くのが大変なのです。でも僕の選択肢は少々時間がかかっても，この膝下タイプの加圧ストッキングです。スイムの後は，十分に足を拭きます。でもまず，上半身やトライパンツをしっかり拭かないと，水滴が足に回ります。焦っていてもゆっくり拭くのです。まず足以外をしっかり拭くのです。そして最後に足を拭きます。そして，しばらく乾いたタオルの上に足を置いてから加圧ストッキングをおもむろに履きます。足を乾かしている間に，トランジションで補給する食品を食べます。いろいろと試して，バナナ味のジェル（ミニッツメイド®朝バナナ），本物のバナナ，ロイヤルゼリー味のジェルを用意しました。

いざ決戦

　そしてアイウエアです。つまりサングラスですね。日頃のメガネでもいいのですが，やはりサイクル用のサングラスの方が，大きく目を覆うので，そして紫外線を除くので目が楽でした。自転車ではメガネをしないと，虫が目に飛び込むことがあります。いつもの遠近両用のメガネでもいいのですが，ややレンズが小さく，前傾姿勢が多いバイクパートでは，風などの入り方がちょっと不快に感じることがあります。やっぱりバイク用の度付きサングラスがいいという結論です。

　次は，アームガードです。半袖のサイクルウエアだけで以前は走りました。残暑厳しいときに，アームガードなどは反って暑いと思ったのです。ところが，ものすごく暑いからこそ，アームガードを着用した方が暑くないのです。だって，気化熱で涼しくなるのですから。汗をかいて温度が下がるのも，汗が蒸発するから涼しくなるのですね。暑い日の打ち水と同じ原理ですね。つまり，頭から水をかぶっても水分が体の表面に残っていないと水蒸気になりません。ですからアームガードを付けて，アームガードをしっかり水で濡らすと涼しいのですね。これは自分でやってみて涼しさが体感できました。トライアスロンは半日以上も続く競技です。ですから，自転車上で楽な過ごしやすい環境を作り上げることが大切です。そして快適さには個人差があります。ですから，自分で試して探す努力がなにより大切です。もっと大切なことは，実戦や本番で，いままでやったことがないことをチャレンジするのは危険です。そして不安ですね。ともかくいろいろなトライ＆エラーを繰り返すことが人生の体験のようで僕には楽しかったのです。

　次に試したのは，アンダーウエアでした。以前は素肌の上にバイクジャージを着ていました。暑いのに下着を着ようなどという発想はまったくなかったのですね。ところがこれもアームウエアと同じ

理屈で，徐々に汗や水が蒸発して涼しくなるのです。素肌にバイクジャージよりも，適切な下着にバイクジャージの方が断然涼しいのです。適切というのは涼しく自分が感じるという意味で，いろいろ試すしかありません。ですのでネットの情報は参考になりますが，ネットの意見を比べて自分で試すのです。そしていいと思ったインナーを着用して，僕は涼しくなりました。

つまり，スイム終了後は，ゆっくり拭いて，下着を着て，バイクジャージを羽織って，そしてサングラスをかけて，ヘルメットを着用して，手袋を着けて，そして加圧ストッキングを履くという順番です。

そして栄養補給をします。水分を取ります。

さて，ランのトランジションの用意もします。佐渡国際トライアスロン大会ではバイクとランのトランジションは同じ場所です。ランへの移行は僕の場合は簡単で，ヘルメットを外して，帽子をかぶり，靴を履き替えるだけです。

最後に，バイクカバーをバイクに掛けます。数百円で求めたものです。朝露や雨などでバイクが濡れますので，また盗難防止なども兼ねて，バイクカバーがいいと思います。

実は他にもサイクルコンピューターの用意，心拍数計のセットなどもやる必要があるのです。

就寝21時

前日の夕食は18時です。20時には入浴も済ませて，寝床に入ります。睡眠薬などは使用しませんが，朝6時前から起床するように7日前からセットしていますので，自然と22時頃には眠くなります。ここまでくると，まな板の鯉状態で，今更じたばたしてもしょ

うがないですね。無理矢理にでもリラックスして眠るだけです。

起床3時半

　さて3時半に起床です。決戦前の朝ご飯は，バナナ，赤飯，お稲荷さんと決めています。これもたくさんの食材を試して，なんとなく辿り着いた結論です。ムカムカしないで，腹持ちが良くて，そしてエネルギーがありそうなものです。前日にコンビニで用意したものを適当に食べました。4時前に食べるのですから，ちょっと日常的ではないですね。

　この朝早く起きる練習は実は7日前より行っています。体を何となく早起きパターンにセットするのですね。普段から6時過ぎには起きていますが，7日前から5時前に起きるようにしました。

　お風呂にゆっくり浸かりました。気分転換とリラックスのためです。朝風呂は僕の日常の習慣にて，それが万人に良いかどうかは知りません。これも日頃の生活の延長のひとつなのです。僕にとっては。

　バイクの服装で会場まで行くことに決めていました。そうすれば，忘れ物はないはずですから。バイクの服装とランで異なるのは，帽子とシューズだけです。よって，バイクの服装で出陣することが用具のチェックにもなるという訳です。

　そしてトランジションエリアで脱いで，その場に置けば間違いないですね。

　入浴後，トイレに行きました。幸いにも大便があり，すっきりしました。トライアスロンを始めて，そして長い距離と時間に耐えられるようになるにつれて便秘になりました。日頃はサラダなどを食べて便通を整えていますが，本番間近では漢方薬のひとつである桃

核承気湯というものを寝る前に飲んで便通を整えます。7日ぐらい前から前々日まで飲みます。すると，毎日やや柔らかい便が出ます。本番の前日まで出ます。そして当日も残りの便が出る感じになるのです。こんな便通の訓練も，本番前に何回も模擬大会で確かめておく必要がありますね。前日の晩に下剤を飲むと，本番で便意を催しかねません。ですから前日には下剤は飲まないのです。

入浴後にセーフシー®というクラゲ防止でかつ日焼け止めの効果があるものを塗ります。十分に乾かすことが大切とあったので，ウエットを着る直前ではなく，ホテルで塗ってしまおうという作戦です。

そしていよいよ着替えですね。トライスーツは下着のパンツなどを履かずに直か履きです。ポラールRCX5®の心拍計を胸に巻きます。この心拍数計はすぐれもので水中でも心拍を拾うというものでした。またポラールRCX5®の本体は腕時計と同じですので，左手にはめます。そして，アンダーウエアを着て，那須サイクリングクラブのバイクジャージを羽織り，リガードの加圧ストッキングを履きました。朝少し寒いので，ウインドブレーカーを着ました。手袋はポケットに入れて，ポラールRCX5®のGPSセンサーもポケットに入れて，そして大会規定で緊急用には使用してよいとされている携帯電話を小さなビニール袋に入れて，これもポケットに入れました。

バイクジャージのポケットは後ろに3つ付いています。左側，真後ろ，右側です。このポケットの使用方法も大切で，まず左のポケットはゴミ用です。エネルギー補給のためのパワージェル，水分補給のためのメダリスト®などの空袋は投げ捨てずに，ポケットに入れて，そしてエイドステーションなどで捨てるのです。パワージェルの空袋を他のポケットに入れるとベタベタが付いてしまいます。

いざ決戦

ですから空袋は一ヵ所のポケットに入れる習慣にするとベタベタ感はそのポケットだけになるので安心なのです。真後ろのポケットは電子機器，つまり携帯とGPSです。右側はエイドステーションでボトルをもらい，水を体に浴びるためのボトル用です。

家内に塩がきいた小さなお赤飯のおにぎりを作ってもらいました。これはバイクの弁当ボックスに入れるためです。

車のキーをもって，いざ出発です。娘はまだ寝ています。

車で会場に

駐車場は昨日確認しておいた場所です。アミューズメント佐渡からは少々遠いので，指定駐車場のひとつである役所の裏の駐車場に止めました。役所内の駐車場は既に満車でした。そこから歩いて会場までは5分。まだ周りは真っ暗です。昨日，キッズトライアスロンの説明会と体操があった河田体育館でナンバリング。1574番とマジックで腕に記入してもらいます。ナンバリングは4時30分から5時30分までです。腕に番号が書かれると妙にテンションが上がりますね。そして，トランジションエリアに行くと，バイクカバーでしっかり覆われた愛車があります。カバーを取って，なんとなく戦闘モードになりますね。

まだ5時過ぎ。あまり早くからウエットスーツに着替えるのは嫌なので，のんびりとチェックです。まずバイクにサイクルコンピューターを付けます。ガーミンEdge 800®というものでGPS付きです。このサイコンは素晴らしいのですが，GPSが内臓されているのです。僕にとってありがたかったのは，坂の傾斜がわかることです。坂が苦手な頃，今登っている坂の傾斜を知ることで乗る姿勢を変えたのです。そんなすばらしいサイクルコンピューターですが，

しっかり充電しないとダメなのです。フル充電で約1日しか持ちませんから。ですから，前日に充電し，そして決戦当日にバイクに装着します。

　昨日用意しておいた1Lのミネラルウォーターを DH バーの間の補給ボトルと，バイクのダウンチューブに装着するボトルに入れます。シートチューブに装着するボトルにはポカリスエットを入れます。2本のボトルは次のエイドステーションで投げ捨てるので，どうなってもいいボトルを使用します。

　さて，そろそろウエットスーツに着替えます。すでにクラゲ防止のセーフシー®という優れものをホテルで塗っています。そして十分に乾いています。このセーフシー®は日焼け止めの効果もありますが，十分に乾かすことが大切と書いてあったので，ホテルで塗っておきました。最後にワセリンを首と肩周りに塗ります。

　そして，股間にもワセリンを塗りました。日頃は塗らないのですが，テレビで御一緒の東野幸治さんが股間に塗っていたので，おもわず塗ってしまいました。日頃やらないことをやってしまいました。

　僕はド近眼にて，ゴーグルは度付きです。度付きゴーグルがなくなると，壊れるととんでもないことになるので，予備を持つようになりました。予備はウエットスーツのお腹に忍ばせればいいので全く邪魔にならず，そして安心感があって最高の方法と思っています。これも実戦で以前に試してからは，いつも予備ゴーグルを持つようにしています。

　支給された赤のスイムキャップをかぶり，準備万端ですね。大便はホテルで済ませました。小便は海ですればいいですね。6時にはスタートです。5時40分過ぎにビーチに行きます。すでにほとんどの人は移動しています。僕は最後の方。

いざ決戦

　入水チェックのラインを超えると後戻りできないのです。心配しても切りがないので，入水チェックラインを通過し，ビーチに移動。全身を海水に浸け，顔に海水をかけ，ちょっと口に含んで，ペッと出して，ほんの10mほど泳いで終了。ビーチにもどり，リラックス，リラックスを装いました。

　3.8kmは三角形で1.9kmのコースを時計回りで2周です。昨年までは3.8km1周と聞いていたのですが，昨年不幸なことにスイムで死亡者が出たので，2周にしたのでしょう。その方が，スイムガードの頻度が倍になるので，より安全に思えますね。僕にはある意味安心，安心。

　スタートは6時です。僕はまったくアップはしません。スイムが僕のアップで，制限時間が気になるようなレベルの僕には，アップをする体力ももったいないように思えるからです。水に浸かって，冷たさなどを確かめる程度で，心拍数が上がるようなアップはしないのです。それが，僕が行き着いた結論です。

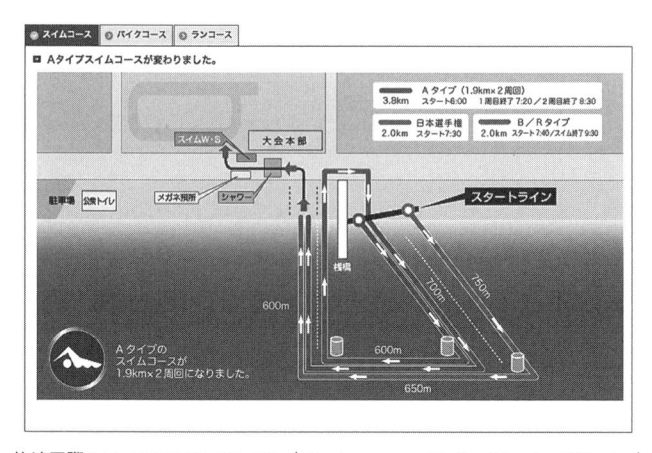

佐渡国際トライアスロンHPより（http://www.scsf.jp/triathlon/pg227.html）

スイムスタート

　バトルは嫌いにて，最後尾の左側のあたりで，ぶらぶらとして，開会挨拶などを聞きます。トライアスロンのスイムはプールでの泳ぎと違ってコースで区切られていません。つまり周囲にいろいろな人が入るのです。故意でなくても体と体がぶつかってしまうのです。そのぶつかり合いの激しいものをバトルと呼んでいます。

　来賓の挨拶などはほとんど耳に入りません。あっという間に6時のスタートになりました。朝日が差し込み，絶好のトライアスロン日和。「ポワーーーン」といったラッパでスタート。まず，ポラールRCX5®のスタートボタンを押します。これはいままでの大会ではしばしば忘れていたことです。スタートボタンを押さないと，経過時間が時計のモニターに描出されませんからね。

　しばらくは浅いので，歩いて沖に進んでいきます。そして泳ぎ始める前に，ゴーグルをもう一度簡単にチェックして泳ぎ始めます。以前は，ゴーグルのチェックやスイムキャップの装着具合などなどを入念にチェックしたのです。神経質なぐらいに。どうも一度泳ぎ始めると修正がきかないような気分がしていたのです。そしてその神経質さで，かえって妙に緊張するのですね。修正ができないという固定観念から抜け出せないので。ところが，ウエットスーツを着ているのだから，沈まないし，いろいろな修正は，もしも困ればスイムの途中でもいくらでもできるということがわかってからは，なんとなく適当にスタートしています。その方が，リラックスしてスタートできるのですね。いい加減にゴーグルをしているのですね。いつものスイムトレーニングでプールで行うように。

　そして，「ピッピッピッ」とTIスイムでもらったテンポトレーナーの音が聞こえます。500円玉よりやや大きな器械をスイムキャッ

プ内に忍ばせてあるのです。そして1.4秒間隔にセットしてあります。これに合わせて泳げば，僕のペースです。ゆっくりで，どれだけでも泳げるピッチです。2年前は全く泳げなかったのですから，この場にいるだけでも立派。自分を褒めてあげたい。そして娘にありがとうと言いたい。はやる気持ちを抑えてマイペースで頑張るぞといった気持ちです。スイムの目標は1時間20分。しかし1時間40分でもいいのです。ともかく完泳できればいいのです。スイムは全体の制限時間15時間半のなかのほんのすこし。スイムの20分前後は完走目的の僕にはたいした意味を持ちません。ともかく楽に完泳がスイムパートでの最大の目標ですから。

　一辺が約600ｍの三角形を時計回りに2周するイメージがスイムコースです。コーナーには大きな赤いブイが設置してあります。そこを結ぶように小さなブイが連続的に並んでいます。そして海岸を背にして左側にまず700ｍ泳ぎ出すのですが，その外側にもうひとつ平行してブイが並んでいます。その外側を佐渡国際トライアスロンＢタイプの選手が泳ぐコースなのです。つまり，佐渡トライアスロンＡタイプは最初，小さなブイとブイの間を泳いでいけばいいのです。コース取りは僕にとってはとても大切なことです。一番早いコースは当然に最内側のルートです。でもこれは誰もが泳ぎたいルートにて人口密度が極めて高いのですね。僕はなるべく人とぶつかること（バトル）は避けて，でもそこそこ人の後ろを楽に泳ぎたいというのが本音です。すると内側最短ルートからちょっと距離を置いてでも直線で泳ぎたいのです。僕はスイムの息継ぎは両方できます。でも片方だけでずっとは疲れます。内側のブイを見て泳ぐのでは，いつも右呼吸になります。でも最初の600ｍは外側にもブイがあるので，そのブイからある程度の距離を保って泳げばいいのですね。なんと良い作戦でしょうか。

自分のペースで泳ぎ始めます。基本は左のブイを目安に泳ぎますが，右を見る練習もします。もちろん正面をしっかり見る練習もします。泳ぎはじめは何となく体が重いので，早く楽になることを願いつつ泳ぎます。最初の赤いブイに近づきました。最内側はやはり人が多く危険にて，ブイから4mぐらい離れて，ブイを回りました。次の目安となる赤いブイを探します。幸いすぐにみつかりました。今度は左側には目印のブイはありません。右側のブイを目印に泳ぐか，進行方向の大きな赤いブイを目印に泳ぎます。このあたりまで泳ぐと，体も温まり，良い感じになります。前の人について泳ぎます。泳いでいる人のちょっと後ろが楽なのですが，欠点はその人のペースになってしまいます。いつもよりも遅いペースでしたが，完泳目的にて我慢してついていきます。普通に泳ぐと前の人の足に触れてしまうので，ちょっとセーブして泳いでいる感じです。さて，2つ目の赤いブイを大きく回り，まっすぐゴールを目指します。ゴールといっても2周するので，実はゴールではないのですが，目印はゴールですからね。突然第2ブイを回ってからうねりが大きくなりました。でもそんなうねりを楽しむ余裕があります。精神的には問題なさそうです。大きく体は上下しますが，呼吸もできるし，そこそこ進んでいるのでこのペースをキープです。

　さて，1周目が終了すると，一度陸に上がります。海底が明瞭に見えてきて，足が着く深さになっても泳ぎます。歩くよりも泳いだ方が，僕は楽だからです。泳げないぐらい浅くなってやっと立ち上がります。幸いめまいなどもなく立ち上がれました。陸上では補給の用意があり，水が飲めます。たくさん水を口に含んで，そして少し飲みました。

　ここで1周目のタイムを確認するためにポラールRCX5®を見たところ，なんと液晶になにも映ってません。困ったなとも思いまし

いざ決戦

たが，止まってチェックするのも馬鹿らしいので，そのまま泳ぐことにしました。つまり1周目のタイムがわからずに2周目に突入です。でもどう考えても，どう見ても，ケツの方ですね。

　2周目は楽ですね。ともかく半分が過ぎると，バイクもランも楽です。半分終わったという安堵感が僕は大好きですね。同じペースで泳ぎます。前には同じような人がいます。いろいろと入れ替わるのですが，結局同じような色や柄のウエットスーツの人が現れます。たぶん同一人物なのでしょう。

　そろそろ尿意が生じました。昔は，泳ぎながら小水をすることはできませんでした。止まって，浮かびながらオシッコをしていたのです。ところが最近は泳ぎながらオシッコができるようになりました。結構気持ちいいのですね。泳ぎながらの放尿は。

　さて，第1ブイ，第2ブイと順調に超えていきます。最後の直線600mは1周目と同じくうねり大です。でもそれを楽しんで泳ぎます。ピッピッピッピとリズムを刻む音がします。とてもありがたいですね。特別このリズムに固執している訳ではないのですが，ペースを失ったとき，苦しくなったときなど1.4秒のペースで手を入れると落ち着くということです。お守りみたいなもんですね。

　最後に，もう一度オシッコをして，ぎりぎりまで泳いで，立ち上がります。慌てず，走らず，早足でビーチの坂を上り，そして歩いて，まずシャワーです。他の人よりたくさん浴びて，そして人も少なかったので，シャワーを浴びながら，ウエットを脱ぎました。そしてトランジションエリアに向かいます。

トランジション

　やはりポラールRCX5®の液晶は映りません。止まっています。

残念ながら故障でしょう．予備のSUUNTO®の心拍数計に変えました．SUUNTO®の時計を見ると7時40分過ぎ．スイムに1時間40分以上もかかってしまいました．1時間20分という夢のような目標から20分も遅いという落胆は全くなく，むしろ泳ぎきれた喜びで一杯です．

SUUNTO®の心拍数計にするために胸にSUUNTO®用の心拍モニターを装着したのですが，またまた心拍数が出ません．予備のSUUNTO®までもが心拍数を拾わないとは致し方ないですね．時計だけを使用することにして，心拍数は今大会ではあきらめでしょうか．いろいろなことが起こるのがトライアスロンですが，ふたつとも使用できないなんてことが起こったのかといった感じです．時計の機能はSUUNTO®で大丈夫です．

イメージトレーニングで何度もトランジションは訓練したはずですが，実際は思うようにいきません．まず，手に持っているウエットスーツを地面に置いて，タオルでのんびりと体を拭きます．アンダーウエアを着て，バイクジャージを羽織って，アームカバーをして，手袋をして，サングラスを被って，そして足をまたしっかり拭いて，そして加圧ストッキングをなんとか着用しました．バイクシューズを履いて，ヘルメットを被り，再度チェックして，いざ出陣です．

バイクパート

バイクを押して，乗車ラインを超えて，バイクにまたがります．そしてバイクの感触を確かめながらペダルを回します．ブレーキもちゃんと効きます．しばらくのんびりとした走行で進みます．

ところが，トランジションで食べる予定だったバナナジェルとロ

いざ決戦

イヤルゼリージェルを食べることを忘れました。「しまった！」後の祭りですね。落胆してもしょうがないので，このまま頑張るしかないですね。時計をみると丁度8時です。スイムで100分ですので，トランジションに20分近くかかったことになります。合計で2時間ですね。まー，これで良しとしましょう。上々の滑り出しです。

さて，バイクの目標は7時間です。ちょっと無謀な設定ですが，これでいければ凄く楽で，完走に相当近づくということです。190kmを7時間ということは，平均時速27kmで走りきることです。4カ所に100m以上の峠がありますので，それを達成するには平地では時速33km以上はほしいところです。サイクルコンピューターには平均時速が出ますので，ケイデンス（ペダルの回転数）を90前後に維持しながら，平均時速を気にしてバイクパートの始まりです。

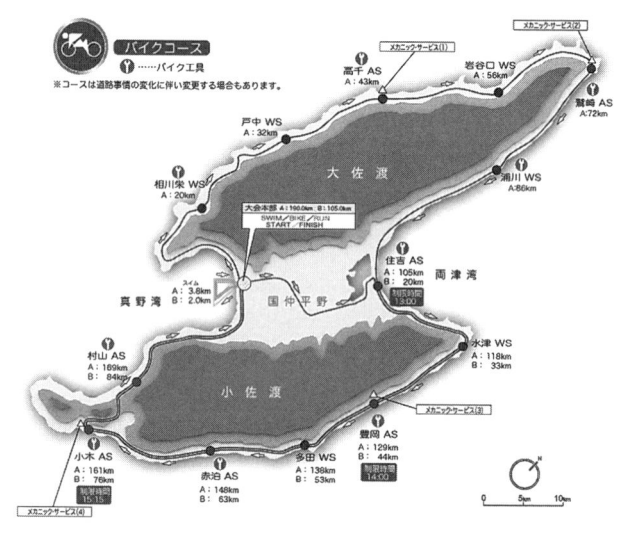

佐渡国際トライアスロンHPより（http://www.scsf.jp/triathlon/pg227.html）

トライアスロンのバイクでの僕の作戦はいかに楽をするかです。しっかり食べて，しっかり飲んで，そしてできれば時間を稼いで，余裕を持って最後のランに移りたいのです。ランが嫌いな僕としては，バイクパートがとても大切です。

　長い時間をバイクの上で過ごす練習はしてきました。脚力を残して，190kmを走りきりたいという一心でバイクパートの始まりです。20km地点に最初のウォーターステーションの相川があります。ボトルなどをもらう要領がわからず，ボトルをもらい損ねました。バイクにセットしてある水が500mLが2本，ポカリスエットが500mLありましたので，最初をパスしたことは諦められます。できれば，手渡しでボトルをもらって，体にかける練習をしたかったのですが，次のステーションで練習することにしましょう。

　風の影響は少なく，結構快調に自転車は進みます。思った以上にスピードが出ます。結構楽にスピードが出ます。微妙な登り下りがあります。下り坂では風の影響を極力減らした前掲姿勢で，サドルから腰を上げ，脚でサドルを挟み，ペダルを回さず，むしろ休んで下る作戦です。32kmの戸中のウォーターステーションでは，上手くボトルがもらえました。まだバイクには水は十分にありますので，体にかける練習です。アームカバーに水をかける，頭の上から，ヘルメットの間を通してボトルの水を被ってみました。30分毎にパワージェルを食べる予定でした。ポラールRCX5®にはリマインダーの機能があり30分毎にFoodという表示が出るように設定していました。30分毎には必ずエネルギーを補給するという作戦です。しかし，ポラールRCX5®が故障した今となっては，自分で計算して食べるしかありません。00分と30分を目安にパワージェルを食べることにしました。

　最初の難関と言われるのはZ坂です。43kmのエイドステーショ

いざ決戦

ンである高千を過ぎると現れます。遠くから見ると確かにZ坂ですが、実はたいした坂ではありません。普段通り自転車を漕いでいれば、心萎えることなく登れます。そしてその後にもうひとつ坂があります。二つ亀の坂と呼ばれるもので、これも心萎えることなく登れました。この地点が佐渡の最北端で、ここを過ぎると両津までは比較的平坦な道になります。

両津のエイドステーションは住吉と呼ばれています。昨日フェリーで到着した港です。平均時速は27km前後で経過しています。住吉では少々止まって休憩してもいいかと思っていましたが、今止まると27kmの平均時速は維持できません。そこで、止まらずにボトルを手渡しでもらって、そしておにぎりを一個手渡しでもらうことに成功し、ここはこのまま通過することにしました。何故か、休まなくても順調にバイクパートは経過していきました。

佐渡国際トライアスロンAタイプは、佐渡をほぼ一周するコースです。ほぼというのは161km地点の小木から峠越えとなります。その部分だけが少々海岸線一周からのショートカットになっていま

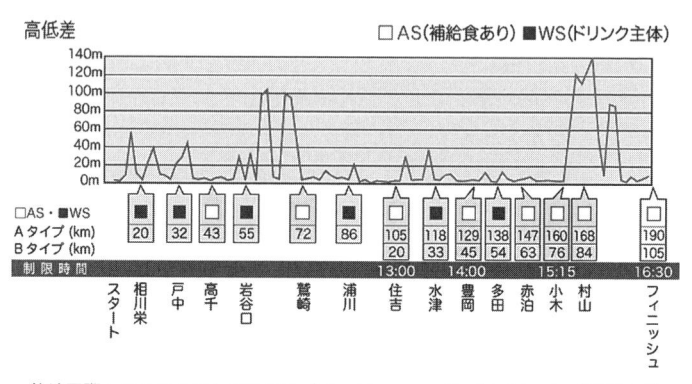

佐渡国際トライアスロンHPより（http://www.scsf.jp/triathlon/pg227.html）

す。佐渡の北半分を大佐渡，南半分を小佐渡と呼びます。つまりなんとか大佐渡のバイクパートが終了したことになります。残りは小佐渡です。小木から先の2回の100mの峠越えを除けば，比較的平坦です。小木で休憩することを目標にひたすら走り続けます。

　小木に到着です。サイクルコンピューターはまたもや平均時速27kmです。つまりここでも休むと7時間という目標がちょっと無理になります。やはり，止まっての休憩はなしで，手渡しボトル，手渡しバナナなどで対応し，走り続けます。小木の坂もそれほどたいした坂ではありません。しかし160kmを漕いだ足で，登れるかが問題です。幸いにもなんとか登れました。さて，そろそろ尿意を催しました。以前，那須サイクリングクラブでのロングライドの休憩中に，冗談半分で自転車に乗りながらオシッコできますかと尋ねたところ，ツールドフランスの選手などは，乗りながら放尿しているということを聞きました。ところが，僕たちには勧められないとのことでした。その理由はバイクシューズが汚れるからと教わりました。そこで，バイクを止めて放尿しようか迷ったのですが，結構応援の人も多く，なかなか人目を忍んで放尿できる場所はなさそうです。小木の坂の上には村山のエイドステーションがあります。いまバイクの上で放尿して，そして目の前のエイドステーションでボトルを貰って，バイクパンツやシューズにかければなんとかなるのではと思ってしまいました。今までやったことがないことをやろうとふと思ってしまいました。

　さて，実際にバイクの上で放尿することは簡単ではありません。まずペダルを回しながらはできません。平坦なところを見つけ，足を使わなくても進む状態で，左右のペダルを同じ高さにして放尿を試みました。すごく気持ちよくできたのですが，尿が左の加圧ストッキングにかかり，そしてバイクシューズに吸い込まれていきま

す。村山のエイドステーションでボトルをもらい，存分に左足にかけました。思った以上に上手くいきました。

　さて，残り20kmぐらいです。

　小木の坂を上り，そして海岸まで下ると，再び登りです。これが最後の100m以上の登りなのです。これもなんとかクリア。そして残りは平地ばかりということです。ところがここで思いっきり強い向かい風となりました。最後は少々楽をして終わろうと思ったのに，この強い向かい風は予想外でした。

　さて，186km，つまり残り4kmのところに宿泊先のホテル八幡館があります。そこで家族が待っている予定です。会場から八幡館まではランのコースも併走しているため，ランコースから離れたすぐのところで待ち合わせと決めていました。なんとか平均時速27kmよりも早い28kmで八幡館前に到着です。つまり，ちょっと貯金ができました。降りて家族と会話ができます。家族を見つけ，そして6時間半以上乗りっぱなしだった自転車を降りて，家族との数分の会話です。だれも見ていなかったので立ちション便もしました。家族が用意してくれた冷え冷えのジェルやオレンジなどをほおばり，そしてお赤飯のおにぎりをランの時にもらうことを頼んで，再度バイクに乗車です。

　残り4kmです。

　バイクのパンクだけが一番避けたいトラブルです。だって自分1人で本番で修理した経験がないのですから。あと4kmであれば，万が一パンクしても，自転車を押して歩けばなんとかなるな，なんて考えながら会場を目指します。そしてパンクせず無事に平均時速27kmで完走できました。夢のタイムである7時間でした。

ランパート

　ランのスタートはなんと午後15時。バイクパートを7時間という夢のような目標をクリアできました。午後21時30分が制限時間です。つまりフルマラソンを6時間30分で走りきれば，アイアンマンの称号を手にできます。僕のマラソンタイムはだいたい4時間台です。佐渡のトライアスロンは，アイアンマンよりもバイクパートが10km長く，アストロマンと称しています。ともかく，ここまで来たら完走したいのです。今完走すれば金槌親爺が丁度2年間でアイアンマンになれたことになります。この機会を逃すと丁度2年という時間的目標は消失します。ともかく，完走したいのです。

　トランジションは，バイクシューズからランシューズに，ヘルメットを取って帽子に変えるだけです。数分で終了です。

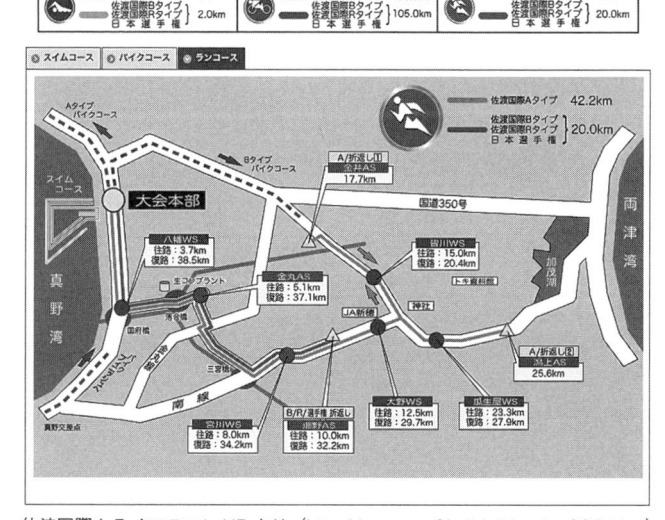

佐渡国際トライアスロンHPより（http://www.scsf.jp/triathlon/pg227.html）

いざ決戦

　問題は足の具合ですね。ブリックランといってバイク練習の後は数 km でもランニングを入れるのがトライアスロンには適した練習です。なかなかできませんが，可能なときは僕もロングライドのあとにブリックランを行います。ブリックランの練習の効果があったのか，またバイクでの足の使い方が上手になったのか，快調にランパートに突入です。

　問題はポラール RCX 5® が使用できないことです。そしてバックアップの SUUNTO® も残念ながら心拍数計としては役立たずでした。つまり心拍数が全く測定できません。ポラール RCX 5® ではGPS を使って，またシューズにつけたポッドセンサーを利用してランニングの時速がわかります。ランニングでは分速表示するのが普通で，見慣れています。僕は 1 km を 6 分で走るペースなら，42 km を走りきれるのです。さて，ポラール RCX 5® が使えないので速度はわかりません。そこでサイクルコンピューターとして使用しているガーミン edge 800® をバイクから外して，ポケットに入れました。これで速度はわかるではないですか。しかし，時速何 km として表示されますが。

　僕の予定は時速 10 km，1 km を 6 分で走ることです。そして心拍数を 154 以下で走ることも大切な指標でした。しかし心拍モニターが使用できない今，心拍数を目安に走ることはできません。体感を大切に，後半潰れないように走るしかないのです。ロングディスタンスのトライアスロンはまったく経験がありません。今後何が待ち受けているのかも知りません。ともかく 6 時間 30 分という時間を大切に，後半潰れることなく走ることを目標としました。心拍数 154 というのは，それ以上でロングライドのあと走ると無性に苦しくなることを経験していたからです。

　会場から佐和田の商店街を抜け，そして 4 km 地点がホテル八幡

館です。バイクでひたすら食べていました。むしろ食べることができたのです。満点の結果です。マラソンでも同じように食べ続けるために，家内に朝と同じお赤飯の小さなおにぎり，少々塩多めをお願いしました。マラソンでは体が上下しますので，バイクよりも食べることは難しくなります。でも八幡館前で小さな赤飯おにぎりを2個はその場で食べ，6個をポケットに入れて再び走り出しました。

　エイドの度に止まって，スポーツ飲料を飲んで，何か食べて，そして水を被って頑張る作戦です。エイドは 3.7km, 5.1km, 8km, 10km, 12.5km, 15km, 17.7km, 20.4km, 23.3km, 25.6km, 27.9km, 29.7km, 32, 2km, 34.2km, 37.1km, 38.5kmとあります。これ以外に私設のエイドもあります。ですから，5km前後を走って，そして休憩，補給を繰り返せるのですね。そんな作戦でした。

　でも，フルマラソンは本当に長いです。気持ちが折れそうになりますね。そんな時に，すれ違う知人に声をかけてもらうと元気が出ますね。地元のかたに応援してもらっても元気がもらえます。

　暗くなり，事故防止の反射たすきを掛け，また，発光の腕輪をもらい，そして35km地点ぐらいまで走りました。ついに周りは真っ暗です。そこで気がついたのですがまだサングラスのままだったのですね。真っ暗で足もともよく見えない地点では，歩くことにしました。夜に走ることは想定の範囲内ですから，ランへのトランジションのときにサングラスを外して普段のメガネに変えておけば良かったですね。こんなところで捻挫でもして，リタイアは嫌ですから。歩くのは本当に足もとが危ないところだけにして，またテクテクと走り始めます。

　エイドステーションではいつもオレンジをたくさんもらっていました。ボランティアの方に「そんなにおいしいのなら何個食べても

いいよ」と言われました。どのエイドステーションでも同じように優しい言葉をかけてもらいました。そして後半のエイドでは温かいお茶が本当においしかったです。ぼくの頑丈そうな胃腸も最後は冷たいものよりも，温かいお茶を希望していたのですね。

37km地点ぐらいに，真っ暗なランコースのなかに，いつくもの灯籠が並んでいます。このときのために，綺麗な灯籠を並べてくれるのです。本当に心和む風景でした。そして最後のエイドステーションである八幡館前で1分の休憩と給水，補給を済ませて，残り4kmです。

そして，佐和田の町に到着です。応援の人が増えてきます。遠くで会場のスピーカー音が聞こえてきます。黙々と走り，そしてゴールです。佐渡は同伴ゴールが可能です。会場が近づき，家族の顔が見え，そして一緒に感動のゴールを迎えました。

思った以上に元気でした。

タオルをもらい，メダルをもらい，そして娘が作った特製メダルももらい，ゴール後の笑顔で写真を撮り，スポーツ飲料でリフレッシュしました。

トランジションエリアに向かい，すべてをリュックに詰めて，自転車を押して，家族で駐車場の車に向かいました。そしてゴール後約30分で車を運転してホテルに戻りました。簡単にシャワーを浴びて，そして夕食を食べて，長い1日が無事終わりました。

こだわりの道具達

2012

FINISHER
Certificate of commendation
完走証

国際Aタイプ
男子　291位　　　1574（ 東京都 ）
新見 正則 殿

2012佐渡国際トライアスロン大会における貴方の健闘を本大会の誇りとし強靭な肉体と精神をたたえ完走したことをここに証します

We take great pride in your effort and hereby certify that you have completed the race.

TOTAL	[236.0km]	14:18:58
SWIM	[3.8km]	1:43:06
BIKE	[190.0km]	7:15:50
RUN	[42.2km]	5:20:02

September 2, 2012
2012 Sado Island Long Distance International Triathlon
Chairman of the Sado Triathlon
甲斐 元也
Motonari Kai

ASTROMAN

こだわりの道具達

トライパンツ

　2XU®の黒のトライパンツです。トライパンツは水着でもあり，バイク用でもあり，ラン用でもあります。最初はそのパッドの小ささで，バイク乗車時におしりが少々痛くなっていました。ところがバイクの技量が増すに従って，その痛みはなくなりました。むしろパッドが少ない方が楽に思えたのですね。バイク用のパンツに着替える作戦は何度かオリンピックディスタンスのトライアスロンで試しましたが，僕には有意義ではありませんでした。辿り着いた結論はいつものトライパンツで通す作戦です。

ウエットスーツ

　ウエットスーツはWESTYで作成したものを使用しています。上と下が別々のものです。上着は袖アリと袖無しをもっていますが，佐渡国際トライアスロンでは袖アリを使用しました。3.8kmを泳ぐということで，少しでも浮力があるものがいいという判断と，クラゲがいるというので腕がすべて覆われている方が安心だという観点からの選択です。クラゲ防止のセーフシー®を塗り，ワセリンを首と腕周りに塗り，予備のゴーグルをお腹に忍ばせ，心拍数計を胸に巻いて，準備完了でした。

ゴーグル

　ゴーグルは度入りのものです。僕はド近眼にてまったく見えません。特に遠くが見えないのです。曇り止めを塗って，予備をお腹に忍ばせて完了ですね。ゴーグルのゴムの強さは結構気になります。

1時間半近くを泳ぐので，あまりきついと痛くなってしまいます。つまり日頃プールで使用しているゴーグルを使用するのが一番安心と思っています。

テンポトレーナー

お守りです。500円玉より少々大きな器械ですが，スイムキャップ内に忍ばせます。1.4秒にセットしました。僕はついつい早いピッチになるので，我を忘れたときなどは，1.4秒のピッチで泳ぐと，落ち着けるからです。そのためのお守りです。このテンポトレーナーも，これだけに頼ると，故障時などには反って困ることになります。なくても泳げるが，持っているとチョット安心といった感じがいいのではと思っています。実際にテンポトレーナーは忘れることが多く，テンポトレーナーなしで本番で泳いだことは多々あります。

曇り止め

曇り止めはゴーグルに塗っておいた方がよく見えます。でもよく忘れますので，あまり神経質になる必要はないと思っています。ときどき塗ればいいのです。あるていど曇っていてもちゃんと見えますから。

クラゲ防止

セーフシー®を塗っていたのですが，最後にクラゲに3カ所刺されました。顔と首と，腕です。腕はトライスーツの水抜きの腕の穴

から何故か刺されました。クラゲは凄いですね。痛みはしばらく続きましたが、バイクに乗っているうちに忘れました。セーフシー®の効果はあったのではと思っています。これもお守りみたいなもので、忘れてもいいかなと思っています。

ワセリン

ワセリンは短い距離では不要です。でも首の後ろなどは塗っておいた方が安心です。ウエットスーツに擦れて皮膚が痛いのは本当に辛いですから。ワセリンは手で塗っています。ゴム手袋やビニール袋に手を入れて塗る人も多いですが、僕は直に手で塗って、そしてウエットスーツにこすりつけてワセリンを落としています。その指でゴーグルを触ると思いっきり曇るので要注意です。

自転車

僕の自転車は、FELTとTIMEです。どちらも気に入っていますが、TIMEは電動変速ですので、多少楽な気がします。どちらも大切な愛車です。バイクは体に合わせた調整が大切です。WESTYの羽山さんや、宮塚英也さん、竹谷健二さんなどに調整してもらいましたが、ほとんど差異はなく同じセッティングでした。

ヘルメット

メーカーは知りません。2年前に買ったものをそのまま使用しています。特段困ることがないので、それを使用しています。

バイクシューズ

シマノのトライアスロン用のシューズです。ベルクロで一本止めです。クリートは最近 TIME にしました。

バイクジャージ

バイクジャージは那須サイクリングクラブのモーモー柄です。黄色地に緑の牛柄でとても目立って気に入っています。

サングラス

パリミキで購入したサイクリング用の遠近両用タイプです。ひとつしか持っていません。予備には普段使いのメガネを用意しています。

手袋

メーカーは知りません。指が出るものを使用しました。何回か使用しているものをもちろん使用します。

加圧ストッキング

リガードのCGソックスEX 33® を使用しています。普段も使用しています。夏でも使用し，夜寝るときは外しています。親指と他4本が別のタイプですが，これがランニングの時に楽なようで，僕は気に入っています。

こだわりの道具達

アームガード

　パールイズミの白いものです。思いの外水をかけると涼しいです。また，装着していても決して暑くはありません。ランニング時もアームガードをして走りました。

アンダーウエア

　メーカーは忘れました。バイクジャージの下に着ると本当に涼しいです。水をかけてもひんやり効果は抜群です。バイクジャージの胸のジッパーを下げることはなくなりました。

サイクルコンピューター

　ガーミンのEdge800J®が気に入っています。GPS付きで車のカーナビとしても使用できます。タッチパネルで，手袋で操作しても動きます。必要な項目はケイデンス，時刻，スピード，平均時速，走行距離などですが，僕にとって大切なのは傾斜がわかることです。何と言っても昔は坂が苦手だったので，傾斜を理解しながら走行練習することが，本当に役に立ちました。

予備のタイヤ

　予備のタイヤはサドルの下に装着します。

工具

　小さな工具を弁当ボックスに入れています。

空気入れ

　シートチューブに装着してあります。

ガスボンベ

　弁当ボックスに入れてありますが，まだ本番で使用したことはありません。

弁当ボックス

　トップチューブの先端に着けるもので，とてもすぐれものです。ここに食料，工具，ボンベを入れます。

DHバー装着ドリンクシステム

　プロファイルデザインのもので，すぐれものです。欠点はストローの役割をするチューブがビニール臭いことです。水だけをいれて飲むときは本当に不愉快です。味が付いたものを飲むのであれば，なんとか臭いは減少します。僕はお茶に浸して臭い抜きをしました。

ランシューズ

ランシューズは自転車と並んで大切です。自分にあったものを探すしかありません。僕はニュートン®のシューズを履いて佐渡を走りました。妙にニュートン®のシューズが合っていました。なんだか足がどんどん前に出るような感触で，僕にはぴったりのシューズでした。

帽子

メーカーは知りません。気に入っている黄色の帽子を愛用しています。いつも被っているものが一番です。

心拍数計

最初はSUUNTO®の廉価版を使用していました。次にPolar RCX5®を購入しました。最近SUUNTO®のAmbitを何故か無料で頂きました。

PolarRCX5®はすぐれものでした。能力を間違いなく発揮するはずでしたが，本番のスイム中に故障しました。予備のSUUNTO®の心拍数計も動きませんでした。運が悪いですね。心拍数はランで特に重要で，あまり高い心拍数で走り始めると42kmを完走できません。ともかく作戦は，心拍数154以下でランパートに入ることです。ともかく調子が良いからと言って突っ込んでランに入ると僕は潰れてしまうようです。そんな調子を判断するには心拍数計が最高でした。また，速度は1kmを6分より速く走らないことです。これを守ることも大切でした。

パワーゲル

　自転車のトップチューブに貼り付けたものです。10個貼りました。とにかく甘いのです。ですから，食べる練習が必要です。食事は特に個人差があります。くれぐれも本番で，いままで食べたことがないものを摂ることは止めましょう。そして本番までにいろいろ試すことが大切です。

メダリスト®

　水だけを補充して，胃がチャポチャポになった経験から辿り着いたものです。粉になっているものを愛用しています。水に入れればいいですから。

たった2年でアイアンマン

ロードマップ

2010年9月	泳ぐ練習開始
2011年1月	ロードバイク購入
2011年1月	ランの練習開始
2011年5月15日	渡良瀬ふれあいトライアスロン　51.5km
2011年6月12日	日産カップ　横須賀　51.5km
2011年7月10日	タテトラ　25.75km
2011年9月18日	岩井OWS　3km
2011年10月2日	4時間走　葛西臨海公園
2011年11月3日	湘南国際マラソン　フルマラソン
2011年12月18日	富士スピードウェイ　ハーフマラソン
2012年1月29日	館山マラソン　フルマラソン
2012年3月18日	板橋マラソン　フルマラソン
2012年4月14日	彩湖マラソン（大雨）フルマラソン
2012年4月22日	ツール ド 草津
2011年5月5日	もてぎエンデューロ　4時間
	（パパとあずさのチームで出場）
2012年5月19日	彩湖トライアスロン　25.75km
2012年5月27日	潮来トライアスロン　51.5km
2012年6月3日	喜多マラソン（炎天下）　フルマラソン
2012年6月17日	みやじま国際パワートライアスロン　ミドル
2012円6月24日	常滑セントレア　ハーフアイアンマン
2012年7月8日	タテトラ　51.5km
2012年8月5日	高原山トライアスロン　51.5km
2012年9月2日	佐渡国際トライアスロンAタイプ　236km

アイアンマンになるとは

　アイアンマンの距離は，スイムが3.8km，バイクが180km，ランが42.2kmでトータル226kmです。これが基準ですが大会によって少々の増減があります。それを制限時間以内に完走すればアイアンマンになれるのです。つまり，制限時間内に完走すればいいのであって，順位は無関係です。アイアンマンの称号を得たあとに順位を競うことと，アイアンマンとなることは根本的に異なります。僕は自分への挑戦と思ってアイアンマンを目指しましたので，他人との競争には興味がありません。ともかく制限時間以内に完走してアイアンマンの仲間入りをしたいという切なる願望があっただけです。だって格好いいし，体に良さそうな気がしたからです。

まず泳げるようになること

　アイアンマンとなるためには，3.8kmを泳がなければならない。そんなこと，金槌の人が思い描けば，とんでもない，不可能なことに映るでしょう。しかし，有酸素運動である水泳，自転車，ランニングなどは，上達するのに才能はあまり必要ありません。努力と適切なコーチがいれば必ず上達します。これが球技とは異なることです。球技は才能によることが多々ありますね。ゴルフなどはいくら練習してもある程度以上は上達しない人がいる一方で，かたやほとんど練習しないのに上手なゴルファーもいますね。努力よりも才能が大切だと思います。ところが有酸素運動は努力に必ず比例します。

　とくに水泳は楽しいですよ。努力が泳げる距離としてすぐに体感できます。僕も2年前まではまったく泳げませんでした。ちゃんと

水泳を習ったこともありません。なんとか常時顔を上げてカエルのように泳ぐ方法で数mは泳げます。でも腰が沈んでいるので全く進みませんね。顔を水に浸けるのが怖いので致し方ないですね。

そんな2年前までまったく泳げなかった僕が泳げるようになったのは，TIスイムのお陰ですね。まったく新しい発想でスイムが理解できました。むしろ全く泳げなかったからこそ，何も疑わずに，教わるままに努力して短時間で上達したのかもしれません。

水泳は日に日に上達がわかります。泳ぐ距離がみるみる長くなります。努力が実ります。まずは最初の第一歩です。ともかく千里の道も一歩からと言うように，決心することがなにより大切です。

そしてバイクに乗れるようになること

自転車に乗れない人は滅多にいません。もしも乗れなくても，しっかり習えばちゃんと乗れるようになります。アイアンマンでのバイクの距離は180kmです。180kmの距離を乗るにはママチャリではちょっと苦しいのです。トライアスロンでもオリンピックの距離は，スイムが1.5km，バイクが40km，ランが10kmです。自転車で40kmを走るにはなんとかママチャリでも可能です。

アイアンマンで使用する自転車は通常はトライアスロン用のバイク（TTバイク）またはロードバイクにDHバーを着けたものです。バイクはしっかり習うと上手になります。正しく習い，正しいバイクに乗れば，180kmを乗ることもそれほど無理なことではありません。これも次第に乗れる距離が伸びていきます。千里の道も一歩からです。

最後に走れるようになること

　走ることは実は誰でもできます。ですから，むしろ危ないのですね。しっかりとした筋肉が，しっかりとしたバランスができていないとランニングは高率に怪我を誘発します。散歩とランニングはまったく異なります。散歩では常時どちらかの足が地面に着いています。一方でランニングは両足が空中にある時間が存在します。つまり，ランニングでは膝にかかる負担は遙かに大きいのです。体重の3倍の力がランニングでは膝にかかると思って下さい。誰でもできるランニングだからこそ，しっかりと習ってから走ることが大切です。アイアンマンを目指すのであれば，ランニングは最後に，ゆっくりと始めればいいのです。

　ある人からマラソンで4時間を切らなければトライアスロンを目指してはいけないともいわれたことがあります。そんなことはありません。だって僕が実証しています。僕はフルマラソンで一度も4時間を切ったことがないのですが，佐渡国際トライアスロンAタイプを完走できました。アイアンマンの競技では最後はフルマラソンです。しかし，それは通常のマラソンとは異なります。ただ時間内に42.195kmを走ればいいのです。歩いてもいいのです。立ち止まってもいいのです。マラソンは多くの本で，多くの指導者が，決して歩かないことを目標にしています。アイアンマンのなかのマラソンの位置づけは，マラソン単体とは全く異なると思って下さい。そしてマラソン単独よりも，アイアンマンの最後の競技として迎えるマラソンの方が楽だと言われるのです。そんなこと信じられませんね。

　僕も2年前は1kmを走るのも苦しかったのです。つまり6分から8分のランニングも苦しかったということです。それが，次第に

距離が伸びていきます。皇居の一周は5kmです。なんとか5kmが走れるようになると、そのうちに2周10kmが走れるようになります。そして3周、4周、5周と伸びていくのです。問題は正しく走ることです。ランニングはくれぐれも膝を故障しやすいので、のんびりと、決して慌てずに、痛みに敏感になって、ボツボツ距離を伸ばすことが安全で、アイアンマンへの近道なのです。

最終的には強い胃腸を

ロングディスタンスのトライアスロンでは、終盤に多くの競技者が食事ができなくなって、水が飲めなくなってリタイアします。ロングディスタンスの半分の距離のトライアイスロンをミドルディスタンスと称しますが、その距離とロングディスタンスはまったく異なります。ともかく胃腸を丈夫に鍛えましょう。そして競技中に食べる練習が大切です。僕は佐渡国際トライアスロン大会に完走するまでに、5回フルマラソンに出場しました。最初は5時間30分以上かかりましたが、4時間台で走れるようになりました。練習で主眼に置いたことは、時間ではなく、完走と補給です。つまり、エイドステーションがある度に必ずおいてある食べものを口にしました。そしてどれがおいしく食べられるかの研究をしたのです。特殊な事情がない限りすべてのエイドステーションで食べました。クリームパン、おにぎり、チョコ、梅、栄養ゲル、お汁粉、うどんなどなど、なんでも挑戦したのです。ともかくロングディスタンスに挑戦するためのフルマラソン参加です。タイムよりも補給の練習をしました。

同じように自転車でも食べる練習をしました。最初はハンドルから手を離して運転できません。片手を離して、ひたすら漕ぐ練習を

しました。左手だけ，右手だけ，いろいろなことをやりました。そして次に食べる，飲む練習をするのです。実際に自転車を漕ぎながら食べると，食感が違います。ここでもいろいろと試して，自分が補給しやすいものを選び出す努力が必要です。

まず始めよう

　千里の道も一歩からです。はじめから自分にはできないと諦めることは簡単ですが，そこからは何も生まれませんね。とにかく行動に移すことです。これはトライアスロンに限ったことではありません。終わりが見えないような目標，自分には到底達成できないようなゴールでも，一歩を踏み出さなければ，答えは出ませんね。一歩を踏み出して，しばらく頑張っても2歩目に至らなければ，それは向いていないのでしょうし，できないのかもしれません。でも一歩踏み出して，地道な努力が，2歩目が出て，3歩目となるに従って，もしかしたらできるかもしれないという夢が現実味を帯びてきます。ともかく始めなければダメなのです。そんな経験をするにもトライアスロンはいいと思っています。

仲間を作ろう

　有酸素運動は時間が長いのですね。その長さに慣れることがアイアンマンへの道のりです。最初は距離を考えますが，基本は時間です。水泳でも何分間泳げるようになったのか。バイクでも何時間自転車の上ですごせるようになったのか。ランも何時間走り続けられるようになったのか。それが大切です。最初はその時間の経過が無性に長いのですね。ですから仲間を持ちましょう。仲間を探しまし

ょう。そして一緒に努力をすると楽しいです。いつも一緒の必要はありません。ときどき一緒に過ごすだけでお互いに励みになり持続する意欲に繋がります。

ともかく続けよう

アイアンマンとなるには，10数時間の連続運動を行う必要があります。水泳は2時間泳げる。バイクは9時間乗れる。ランは6時間走れる。これぐらいの長い時間ゆっくりでもいいから，ときどき休んでもいいから継続できる自信があれば，必ずロングディスタンスのトライアスロンは完走できます。ともかく，着実に努力に比例して距離と時間は延びていきます。ですからともかく続けることが何より大切ですね。

ランニングシューズを買おう

水泳を始めて，バイクに乗り始めたら，次はランニングを始めましょう。そしてランニングシューズがなにより大切です。高価なものがいいとは限りません。自分が走りやすいものがいいのです。最初からたくさんの靴を揃える必要はありません。専門家に相談して一足選びましょう。そして，もう一足買いましょう。ランニングシューズの違いがわかるようになるはずです。

バイクを買おう

トライアスロンは少々お金がかかります。その理由はバイクです。安いバイクは10万円ぐらいから，でも高いバイクでも100万

円強です。200万円のロードバイクは聞いたことがありません。10万円のバイクでも最近のものは性能がいいですが、お金に余裕があれば30万円前後が飽きなくて、長く使えるのではと思っています。これも専門のショップの人と相談して決めましょう。

ゆっくり大会に出よう

　トライアスロンの大会に慌てて出る必要はありません。でもある程度泳げるようになって、自転車を購入したら、大会に申し込むのも意味があると思っています。目標があった方が、楽しいですから。そして完走の快感はすばらしいですから。しかし慌てる必要はありません。自分が出たくなったら、周りの仲間から勧められて出てみようかなと思ってきたら、是非大会に出てみてはどうでしょうか。最初の大会は実は結構大切です。僕は水が汚い、透明度がほとんどない大会に出て、パニックになりました。できれば、綺麗なスイムの会場がいいと思っています。バイクやランはあまり地理的な影響はありません。

競技に慣れよう

　突然ロングディスタンスのトライアスロンに出場する人はいないと思います。オリンピックディスタンスを経験して、次にミドルディスタンスを経験して、そしてロングディスタンスというのが王道と思っています。オリンピックディスタンスの51.5kmの倍がミドルディスタンス、その倍がロングディスタンスです。倍の距離に伸ばしていくことが、距離や時間に慣れるには最適と思います。トランジションの練習も必要です。トランジションに慣れることも必要

です。そのためにも是非ロングディスタンスの決戦の前に，できる限りトライアスロンを経験しておくことが安心に繋がります。

コーチに習おう

　僕は金槌で運動嫌いでしたが，運良く2年間でアイアンマンになれました。それはなによりコーチに恵まれたからです。大人になってから始めるものは，スポーツでも，他の領域でも適切な指導者に巡り合うことが大切と思います。子どもは自分の体感で結構上達します。大人は，特に時間の制約がある人は，是非，効率的に上達するために，少々のお金は惜しまずにコーチに習いましょう。それが最短最良の方法です。

体を休めよう

　運動をはじめて，うまくいき始めるときが要注意です。泳げるようになる，バイクに乗れる時間が長くなる，走れる距離が長くなると，欲がでます。もっと上手くなりたいと思うのです。だって上達が体感できて，それが楽しいのですから。そんなときに無理をすると故障します。そんな運動の強度を増したいときこそ，体に敏感になって，痛みに敏感になって，心配なときはセーブしましょう。体を敢えて休めることも大切な上達のワンステップです。

ともかく自分で試そう

　ロングディスタンスのトライアスロンは夜明けから始まって，日が暮れても終わらないような長い長い挑戦です。その中では不快な

ものがあるとそれを背負って長い挑戦をするのはつらいのです。靴が合わない，自転車のセッティングが微妙に違う，服に違和感がある，メガネがどうもちがう，食べ物が気持ち悪い，飲み物が予想外にまずい，などなどなんでも起こりうることです。ともかく初めてのことはロングトライアスロンでは行わないことが大切です。だって何が起こるかわからないのですから。練習や他の短い距離の実戦で試したことのみを行いましょう。

　さて僕は佐渡国際トライアスロンでふたつ初めてのことをやってしまいました。

　ひとつはバイク上でのオシッコです。小木の坂の頂上ぐらいで乗りながら放尿し，そしてエイドステーションでもらったボトルで洗い流して上手くいきました。問題は，完走してからどうもパンツがオシッコ臭いのですね。たくさん洗い流しました。ランのときにもたくさんパンツには水がかかりました。でもやっぱり臭さは残りました。そしてホテルに帰ってわかったことは，バイクシューズの内側に尿が回っていたのでしょう。ものすごい悪臭を放っていました。バイクシューズと一緒にお風呂に入り，入念に洗いましたが，結局は尿臭は取れず，帰京後に，柔軟剤で洗濯して臭いはやっとなくなりました。しかし，競技中は問題なかったので，また必要に差し迫った状態となれば，バイク上の放尿もありと思っています。

　もうひとつは，股間にワセリンを塗りました。これも競技中はまったく問題なく終了しました。ホテルに帰りお風呂に入るためにトライパンツを下げると，ワセリンで皮膚とトライパンツのパットがぴったりとくっついていたのです。ですからパンツを下ろすとおしりの皮膚が広範囲にむけてしまいました。入浴中とても痛い思いをしました。数日間，新しい皮膚が覆うまでとても痛かったですが，これも競技中の災難ではないので，まあ良しとするしかないですね。

僕の場合は股間にワセリンは不要と思いました。

アイアンマンのためのスイム練習を

まず,泳げなければダメですね。金槌にとっては夢のような目標も,TIスイムで習えば,必ず泳げるようになります。運動神経の善し悪しは無関係です。それは上達時間の長短に関わるかもしれませんが,ともかく必ず上達します。上達の過程がしっかりわかることがスイムの魅力ですので,是非千里の道も一歩からの想いで踏み出して下さい。

さて,ある程度泳げるようになってからの目標です。速く泳ぐことは当面の目標ではありません。むしろ最後の目標です。まず,長い距離を泳げるようになること。次にコースロープがないところで人と一緒に泳ぐのが怖くなくなること,そして最後に広い海や湖で泳ぐことです。

アイアンマンのスイムの距離は3.8kmです。ですから,泳げるようになったら次の目標はプールで3.8km泳ぐことです。25mプールでの練習が多いでしょうから,往復で50mです。つまり3.8kmは76往復ということです。最初はとてつもない目標に思えますが,何時間かかってもかまわないと腹をくくって泳げば,いつかは泳げるようになります。実は,日本で行われるロングディスタンスのトライアスロン競技ではウエットスーツは着用義務です。ウエットスーツを着ると,浮きます。泳がなくても浮いてます。ですから,連続で3.8kmを泳げなくても,途中で休憩しながら泳げばいいのです。ひっくり返って,空を見ながら,のんびりと手足を伸ばせば,浮くのです。安心ではないですか。この安心感が実際のものとして手に入ると,長い距離も怖くはなくなります。

次は，コースロープのないところで複数の人と一緒に泳ぐ練習です。これに慣れないと結構難しいのです。そしてなかなか1人でプールで泳いでいるとそんな機会に恵まれません。できればトライアスロンのスイムのクラスなどに入れば，コースロープを外してみんなで泳ぐ練習などがあるはずです。もしもそんな機会がまったくない方は，覚悟して短い距離のトラアイスロンレースに出場するか，またはオープンウォーターの大会などに出るのも良い勉強になると思います。

　実際の海ではうねりがありますね。ですからプールでコースロープを外して泳ぐ練習をしたことがある人も，是非うねりがある海で泳いでみて下さい。また，視界が悪い水質で泳ぐ練習も大切と思います。プールでは底が見えます。自分の手が見えます。手の先も見えないような視界の悪い状態で泳ぐ練習を積んでおくことも大切な訓練と思います。

アイアンマンのためのバイク練習を

　51.5kmのオリンピックディスタンスのトライアスロンを完走するのであれば，バイクはママチャリでも大丈夫です。しかし，ロングディスタンスではバイクとランがなにより大切です。ある意味スイムはウォーミングアップです。早い人で1時間，制限時間は2時間ぐらいですからトップとビリで1時間しか差がありません。ところが，バイクは180kmをトップは5時間を当然のように切りますし，完走ぎりぎりは8時間30分を超えます。3時間以上の差がありますね。そしてバイクで力を使い切れば後に控えているフルマラソンを完走できません。早く，そしてランへの力を残して楽にバイクに乗る訓練が必要です。バイクは50kmと100km，130km，

150 kmぐらいに壁があるように思えます。でも言葉を換えれば，100 kmが乗れるようになると50 kmは短く感じ，130 kmが乗れるようになると100 kmが短く感じ，150 kmが乗れるようになると130 kmが長くは感じられなくなります。そんな距離と時間を延ばす訓練をすれば着実に上達するのがバイクと思っています。しかし，非日常的なペダリングという回転運動を何時間も続けるにはやはり正しいコーチによる指導が近道と思っています。

アイアンマンのためのマラソン練習を

ロングディスタンスのトライアスロンの話を，自分と別世界の出来事として聞いている頃，アイアンマンで迎える最後のフルマラソンは，フルマラソンだけのレースより気が楽だということを複数の人から聞きました。信じられませんね。意味が不明ですね。だって，42.2 kmを走るという行為なのに，何故3.8 kmのスイム，180 km以上のバイクの後の方が楽なのでしょうか。でもこの実感は実際に経験すると確かに腑に落ちます。

長い距離をこなすエンデュアランススポーツでは，半分が終了すると気持ちが楽になります。半分が終わった。あと，この半分をこなせばゴールだと思えるのですね。そうすると，ロングディスタンスのトライアスロンの最後のフルマラソンは，最後の1種目の完走目的になります。

僕の場合は，フルマラソンというよりも，5 kmのランニングを8回こなせばいいのだという思いで走りました。そうするとなんだか力が抜けて楽に走れたのです。そして途中で挫折しないように，無理せず，エネルギーを補給して走るのです。

ですから，ロングディスタンスのトライアスロンの前に出場した

湘南国際マラソン，館山マラソン，板橋シティマラソン，彩湖マラソン，喜多マラソンとどれも，ひたすら食べる練習をしながら走りました。

あと，トライアスロンは雨のときもあれば，特別暑いときもあるはずです。ですからそんな経験もしたかったのです。丁度彩湖マラソンは大雨でした。喜多マラソンは6月の猛暑でした。フルマラソンのベストシーズンは冬でしょうが，トライアスロンはスイムがあるので，基本的にやや暑いとき，または猛暑での開催となります。そんな猛暑での練習が実は大切と思っています。

下見をしよう

4月に佐渡国際トライアスロンに応募しました。金槌から2年間でアイアンマンになるために，どうしても当たってほしかったのです。そして5月に内定をもらいました。折角当たったのです。周りには落選した仲間もたくさんいます。この後に及んで辞退する訳にはいきません。そしてなんとしても完走したいのです。丁度7月半ばの連休に仕事がありませんでした。そこで佐渡の下見に行くことにしたのです。本番と同じルートで，車で東北道を北上し，犬を那須の実家に預けて，そして磐越道経由で新潟に入り，フェリーで佐渡に渡ります。幸い，本番に泊まるホテルと同じ八幡館が空いていました。2泊3日の行程です。中日には自分の自転車で佐渡一周の190kmを走ろうと思ったのですが，残念ながら雨でした。そこで，最後の難関である小木の坂から30kmほどを走りました。そして，雨の中，車で本番と同じルートを走りました。自動車で走っても5時間近くかかりました。自転車での7時間での完走は夢に思える距離でした。でもその長さを経験できたことは本当に本番で役に立ち

ました。また，車で何度もマラソンのルートは走りました。風景とキロ数がだいたい一致するようになりました。少々の佐渡観光をして，有意義な下見をして，帰京です。

健康とは何か？

本当にトライアスロンは体に良いのでしょうか。それはわかりません。人それぞれにトライアスロンに向かう姿勢が異なりますので，トライアスロンの健康への効果も人それぞれです。体にいいトライアスロンをする人もいれば，体に悪いトライアスロンを行う人もいるということです。

徒然なるままに御礼

徒然なるままに御礼

竹谷さんのペダリング講習

　佐渡国際トライアスロンAタイプを楽しく完走できました。2年前は金槌で，2kmのランニングもできませんでした。そんな50歳過ぎの親爺も努力で報われるのがトライアスロンと思っています。お世話になった方々への感謝を込めて，これからいろいろ書いていきます。

　まず完走できた理由のひとつは190kmのバイクパートを7時間丁度で終了できたことです。公式記録は7時間15分となっていますが，15分はスイムからバイクへのトランジットです。平均時速27kmです。ちょっと無茶な設定です。

　2011年の1月にロードバイクを購入しましたので，ロードバイクに乗り始めてから20ヶ月です。ペダリングはいろいろな本を読みました。歳を取ると頭から入らないと腑に落ちません。悩んだ挙げ句に竹谷さんの本に辿り着き，そして直接教えていただく機会にも恵まれました。

　ペダルには円のように力を加えると書いてある本がありますが，僕には常時力を加えているように思えて，とても何時間も回し続けられないと直感的に思ってしまいました。つまり拒否反応です。ところが，竹谷さんは，まず足の重みでバイクは漕げると教えてくれました。その重みを邪魔しないように，反対の足をしっかり抜重することが大切だと。なんだかほっとしたのですね。これなら素人に近い僕もできそうだと。そうすると確かに，時速は数キロアップしました。そしてとても楽に漕げるようになりました。自然と30km以上が出せるようになりました。

　竹谷さんに教えていただく前後に，竹谷さんの本やiPhoneアプリで予習復習をして，なんだかもっと腑に落ちました。

実際に佐渡で7時間バイクを漕ぎ続けましたが，足の疲れも想像以上に少なく，ランに移行できました。スポーツの天才は自分でそんなことは会得するのでしょうが，天才ではない者には，そして素人に近い自分には，自分が腑に落ちて実践できる説明が嬉しいですね。

　そんな出会いがたくさんあって，今回の佐渡完走につながりました。竹谷さんはまた新しい本を出されるとのこと，楽しみにしています。

那須サイクリングクラブ

　8月にはバイクに約1,200km乗りました。東京で250km。残りは那須で乗りました。那須は家内の実家です。

　僕は人のご縁がいいのですね。1年半前，たまたま那須のイオンの前に宮塚英也さんのショップを見つけました。そして宮塚さんと藤原裕司さんの1泊2日のトライアスロンキャンプに数回参加しました。その後，時々那須サイクリングクラブにお世話になっています。毎週日曜日と祝日，正月とお盆は連日，練習会があります。土曜日はちょっとのんびりのサイクリングです。通常は，月に1回行けるかどうかです。しかし，佐渡の1ヶ月前の8月は，幸い今年は暦の関係で休みが取れ，また有給休暇も加えて，敢えてたくさん乗れるようにセットアップしました。そして1,000km弱を乗りました。1,000kmも乗ると，150km前後の距離は嫌ではなくなりました。楽しめるようになりました。

　那須サイクリングクラブの周回練習も，またロングライドもとても勉強になりました。那須には信号はほとんどありません。また平地も少なく，ほとんどは坂の連続です。つまり止まることなくアッ

プダウンです。そして，みんな僕より上手です。敢えて教えてくれることはありません。でも，なにげなく落ちこぼれ気味の僕を気遣ってくれる気配を感じます。そんなやさしい雰囲気に囲まれて，たくさん乗りました。藤原裕司さんの自転車を漕いでいる姿を真後ろから見るだけでも，とても勉強になりました。そしてなんと藤原裕司さん宅は義父の家から約500m。ときどき義父は家庭菜園の野菜を差し入れしています。応援団ですね。いろいろなご縁で楽しくトライアスロンをやっています。その延長に今回の佐渡の完走がありました。

藤原裕司さんのゆる体操

　藤原さんの自宅は，義父の家から500m。不思議な縁ですね。今年の2月に藤原さんには，僕が講師を務めるMCC（慶應丸の内シティーキャンパス）の7回コースのセミナーで講師を1コマお願いしました。ゆる体操の実技やトライアスロンのお話を含めた楽しいセッションになりました。

　藤原さんが企画したゆる体操主体のトライアスロン合宿にも参加しました。とっても楽しかったです。坂では，「いくら力を入れても登れませんよ。むしろリラックスしてください」と言われました。

　運動会の大きな玉転がしを例に，たくさんの子どもが大きな玉を押すと，まったくあさっての方向に一生懸命押している子が増える説明をしてもらいました。当の本人は役に立っていると思って一生懸命あさっての方向に力を入れているわけですよね。筋肉もこれと同じで，足を引っ張っている筋肉をいかに緩めるかが大切だと教えてもらいました。50歳を過ぎて，筋力をつけることには限界があります。でも足を引っ張っている筋肉を緩めることはできそうで

ね。腑に落ちてしまいました。無駄な筋肉はむしろ不要だそうです。
　ストレッチも無用だそうです。日頃から緩めることがなにより大切と。
　ここでは書けないほどたくさんのことを教えてもらいました。
　佐渡に行く2週間前に，最後に一言，「なによりも補給が大切ですよ」と念を押されました。その言葉を忘れずに，バイクにはパワーバーを10個トップチューブにテープで貼り付けて，30分おきに食べました。弁当ボックスには小さな手製の（お赤飯おにぎり＋多めの塩ゴマ）を6個，種なし梅をたくさん，塩飴も入れました。佐渡のバイクの上では7時間ひたすら食べていました。プロファイルデザインのボトルをDHバーの間に着けて，水を入れ，そしてメダリスト®の粉を混ぜて，ひたすら飲みました。エイドステーションで給水ボトルをもらって，バイク上でメダリスト®の粉を混ぜることも上手になりました。メダリスト®の粉は7袋用意して全部使いました。エイドステーションでもおにぎりやバナナをもらって食べました。そして幸い，食欲が落ちることもなく，元気でした。新しい物は決して食べてはいけないということで，すべて上記の物は何回もバイクの上で食べる練習をしました。
　そんなご助言を頂き，なんとか佐渡を完走できました。

小松崎真さん，お世話になりました

　小松崎真さんは，2011年正月に初めてロードバイクを購入したときから，自転車の乗り方や，ビンディングの外し方からはじまり，いろいろと細々したことまで教えてくれたコーチです。
　2kmのランニングも超苦しい時に，ビデオを撮ってもらいロボットのような走りであったことなど，ついこの間のようです。

徒然なるままに御礼

　スイムではウエットスーツの着方から，ワセリンの塗り方，などなどいろいろと教えていただきました。もちろん泳ぎ方も。

　決戦間近の8月には超暑い日に海の公園から伊東までの190kmライドでいろいろと教わりました。熱中症対策なども含めて。

　今回の完走作戦の戦略も小松崎さんによるものです。スイムは足を残し，バイクはできれば7時間で，そしてランは最初は1kmを7分で，心拍数は155以上にしないように，というものでした。

　作戦通りバイクまでは順調にいったのですが，問題は心拍数です。最近使用しているポラールの腕時計が佐渡のスイム中に壊れました。気がついたのは，スイムアップをして時間を見ようと思ったら，画面になにも映っていなかったからです。

　そんな時に備えて，SUUNTO®の心拍数計を予備で用意していたのですが，こちらも，心拍数を拾いませんでした。前日のチェックではちゃんと拾ったのに……。

　そこで，致し方なく心拍数計なしで，自転車のガーミンのサイクルコンピューターを外してポケットに入れました。これでなんとか時速はわかります。

　そして約1kmを7分でボツボツと走り通しました。心拍数がわかればもう少し速く走ろうかとも思ったのですが，無理は禁物。完走がなんといっても今回の最大の目標ですので，もっと早く走れるような気がしましたが，1kmを7分前後を守って5時間18分でランを終えました。

　心拍数は楽しいですね。自分のいろいろな状態での心拍数を知ると。朝の心拍数は，元気であれば60前後，疲れていれば速くなります。運動して調子が良いと心拍数はさっと上がって，すっと下がりますが，疲れているとなかなか上がらず，なかなか下がりません。もっと疲れると心拍は上がらなくなります。

いろいろと自分の身体の状態を心拍数で知ると,自転車を長く漕いでランに移ったときに,楽に数時間走れる心拍数は僕の場合は155以下でした。

　いろいろなことが起こるのがトライアスロンです。心拍モニターは予備も含めて使用できませんでした。これも受け入れて,無事完走しました。

　自転車がパンクしなくてよかった。

TIスイム

　TIスイムとの出会いなくしては,今回の完走はありえません。だって,全く泳げなかった僕を泳げるようにしてくれたのですから。僕は小学校低学年で中耳炎を繰り返し,今で言うドクターストップでその後はまったく泳いでいません。つまりまったく泳げないのです。5mもだめですね。だって,顔を水に浸けることも嫌だったのですから。

　娘に同じ思いをさせたくなくて,娘はベビーのときから,東京スイミングスクールに通わせています。娘は,全く水は怖くなく,そして泳げるのですね。そんな娘が小学生になった2年前の8月末に,プールに行きました。そして,娘が「パパも泳ごうよ」と誘ってくれたのですね。そして一年発起,泳いでみようかなと思い立ちました。

　そしていろいろな本を読みましたが,どれもどうもピンと来ない。つまり,競泳選手をつくるような本が多かったからです。そして偶然にカンタンスイミングという本に出会い,なんだかピンと来ました。その本を読んで楽に泳げるような気がしてきたのです。

　そして,実際にTIスイムで泳ぎを習うと,みるみる楽に泳げる

ようになりました。TIスイムでは加藤さんにお世話になりました。自分の泳いでいる姿をビデオで見るとぐうの音も出ませんね。自分の欠点が腑に落ちるのですね。僕の水泳はまったく速くないのですね。でも楽にいくらでも泳げるようになりました。3.8kmを泳いでも足を残せる泳ぎができるようになりました。そして，佐渡の完走につながりました。

筋トレのパーソナルトレーナー

　水泳や，ランニング，ロードバイクを始める1年前から実は筋トレのパーソナルトレーナーに付いていました。長い時間の運動は嫌でしたが，筋トレをちょこちょこと行うことはできそうな気がしたのですね。なんだかずるい発想ですが。

　そこで，スポーツジムに申し込み，パーソナルトレーナーにお世話になることにしました。そのとき，ジムの受付の人に「誰かいい人を」と尋ねて，たままたご縁があったのが今でもお世話になっている横尾太治さんです。

　思い出に残る会話は，筋トレってなんですか？　と尋ねたら，①筋力アップ，②ストレッチ，③バランス，④有酸素運動の4つという答えでした。④の有酸素運動は，時間がないので僕は教えませんと言われました。その当時は，ランニングや水泳，ましてやバイクはまったくやる気がなかったので，それはむしろ好都合と思いました。

　バランスは妙に腑に落ちました。左右のバランスが悪ければいろいろと不都合がおきますね。まず，問題となったのは僕の右足首。高校生の頃，ひどい捻挫をして右足がどうも違和感があります。そして，階段などで度々ふらつくこともありました。それは右足首を

固定する筋肉が左に比べて遙かに衰えていたのです。そこでまず，その筋肉を鍛えてもらいました。そして安定して歩けるようになりました。

　水泳を始めてからは左肩の柔軟性のなさが，問題となりました。これはバイクの上での左肩痛に通じました。そんな痛みもなんとか左肩，左腕の筋力を鍛え，ストレッチを行うことで，克服しました。

　また，バイクでは左の引き足が，右に比べて遙かに弱いことがわかりました。この弱点も筋トレを行い，右足と同じように足が引けるようになりました。歳を取ると，筋力をたくさんつけることには限界があります。しかしバランスの悪い筋肉を，その弱い方の筋肉を，対側と同じぐらいに鍛えることはできるはずですね。バランスが良くなるだけで，とても楽になることを知りました。

　そんなパーソナルトレーナーのお陰で，今回の佐渡完走につながりました。

やっぱりATA十条

　ATA十条はアスロニアのコーチ陣が教えてくれるトライアスロンスクールです。僕は月曜日と金曜日の朝に十条のオアシスでお世話になっています。コンスタントに仲間と練習することは大切ですね。モチベーションの維持のためにも。バイクは基本的に週末のみ。仕事や悪天候などで，練習できないと数週間乗ってないということも起こりえます。でも水泳はコンスタントにできます。TIスイムで泳げるようになっても，長い距離を負担なく泳ぐにはそれなりの練習がいりますね。それがATA十条です。25mプールを借り切っての練習です。5コースから順次1コースに向けてレベルアップしていきます。僕は今でも4コース。でも楽しいですよ。仲間と一緒

に泳ぐのは。練習前後のちょっとした会話もいいですね。もちろん飲み会もいいですね。

基本的にトライアスロンは個人競技ですから，仲間は不要かもしれませんが，でもね，それではつまらないし，上達しませんよね。楽しい話，辛い話，苦しい話，そんな四方山話をしながら自分のペースで黙々と頑張るんだと思っています。

ATAのコーチ陣も良いですよ。ナイスガイ揃いですね。ナイスウーマンもいますよ。長い距離が嫌ではなくならないと，トライアスロンのスイムは困りますね。ともかく，泳ぎ込むにはひとりでふらっとプールにいくよりも，しっかりとしたコーチ陣に，正しいプログラムで教えてもらった方が，結局は近道ですね。

アスロニアの代表は白戸太朗さんです。丸の内朝大学での僕の講座でゲスト講師をお願いしたこともあります。格好いいですね。白戸さん。

トライアスロンという言葉の格好良さがやっぱり好きです。そんな格好良さをATAのコーチ陣や白戸さんにはもっともっと世間に広めてもらいたいですね。そうすれば，トライアスロン人口もますます増えるでしょうし。やっぱりATA十条，いいですよ。

佐渡完走もコーチ陣とそんな仲間のお陰です。

そもそもなぜ筋トレを始めたか

実は僕は外科医です。そして日本で最初に保険適応のセカンドオピニオン外来を始めました。10年以上も前のことです。そしてたくさんの患者さんとお話しする機会を通して，西洋医学の限界に気がつきました。そんなときに漢方に出会いました。漢方は保険適応です。毎月の薬代は，平均すると約1,000円です。そんな魅力的な

漢方を学ぶために，運良く出会った師が松田邦夫先生です。今でも松田邦夫先生には漢方を教えて頂いています。松田邦夫先生のクリニックに最初に伺ったときに，こう言われました。「漢方だけでは治りません。日常生活の管理がなにより大切です」と。日常生活の管理とは，バランスの良い食事，ストレスを減らす，禁煙，適度の飲酒，適度の睡眠，適度の運動などです。すべて「適度」とつければ誰も文句を言えません。そんな松田先生は80歳を超えた今でも，ジムで水泳をして，そして毎月100km以上のジョギングをされています。すごいですね。そんな松田医院に毎週通うようになって約3年ほどしたときに，ついに僕も運動を始めようと思ったのです。そして松田邦夫先生の助言に従って，最初はしっかりとトレーナーに教えてもらって，筋トレを始めました。本当に偶然の運動開始です。そして1年後に，娘の誘いで水泳を始めたのです。そして筋トレを始めて3年，水泳を始めて2年でアイアンマンになれました。

徒然なるままに御礼

あとがき

　佐渡のトライアスロンを完走した翌年に，イグ・ノーベル医学賞を頂きました。臨床医の自分にとっては過分な賞です。本当に人に恵まれて，運に恵まれて，臨床の傍ら実験を行った結果です。イグ・ノーベル賞の受賞後はますます忙しくなりました。

　なんでも思い立ったときが，始めるときです。イグ・ノーベル賞の受賞が1年早ければ，佐渡のトライアスロンに参加することもできませんでした。練習の時間も十分には取れなかったと思います。たった2年間で金槌の自分がアイアンマンになれたのは人とのご縁に恵まれたことと，いろいろな条件がたまたま整ったことです。

　人生は矛盾と，理不尽と，不条理と思っています。最大の不条理のひとつは病気です。いつ病気になるかもしれません。僕たちは，「今，ここ」を一生懸命生きるしかありません。トライアスロンは人生の縮図のようです。順調にいくこともあります。ハプニングが起こることもあります。でもそんなハプニングも楽しみながら，完走を目指してレースを楽しめばいいことです。また，完走を目指して，自分のできる範囲で練習をすればいいことです。そんな行程を楽しむことがトライアスロンらしいと思っています。

　50歳を過ぎた運動嫌いで金槌の親爺もアイアンマンになれます。そんな僕の経験が皆さんの励みになれば何より嬉しいです。僕の気まぐれな，途方もない挑戦を支えてくれた家族に感謝します。水泳をするように強く誘ってくれた娘がいなければ，今回の結果はありません。家内が快く練習に送り出してくれなければ，完走は無理だったでしょう。そしてふたりはいつも応援に来てくれました。

　この本を出版するにあたり大変お世話になった新興医学出版社林峰子社長に深謝申し上げます。
　　　　　　　　　　　　　　　　　　　　　　　　　　新見正則

著者紹介　新見　正則　Masanori Niimi, MD, DPhil, FACS

1959年　京都生まれ
1985年　慶應義塾大学医学部卒業
1985〜1993年　慶應義塾大学医学部一般・消化器外科
1993〜1998年　英国オックスフォード大学医学部博士課程
1998年　Doctor of Philosophy（DPhil）取得
1998年〜　帝京大学医学部外科（血管外科）
2002年〜　帝京大学医学部准教授
2013年　イグ・ノーベル賞

アメリカ外科学会フェローFACS，愛誠病院下肢静脈瘤センター顧問，愛誠病院漢方外来統括医師
専門領域：血管外科，移植免疫学，東洋医学，労働衛生コンサルタント
著書：下肢静脈りゅうを防ぐ・治す．講談社（2002），西洋医がすすめる漢方．新潮社（2010），本当に明日から使える漢方薬．新興医学出版社（2010），プライマリケアのための血管疾患のはなし　漢方診療も含めて．メディカルレビュー社（2010），フローチャート漢方治療．新興医学出版社（2011），リラックス外来トーク術　じゃぁ、死にますか？新興医学出版社（2011），簡単モダン・カンポウ．新興医学出版社（2011），じゃぁ、そろそろ運動しませんか？新興医学出版社（2011），iPhoneアプリフローチャート漢方薬治療　絶賛発売中！
英文論文多数（IF約250）．セカンドオピニオンのパイオニアとしてテレビ出演多数．
漢方は松田邦夫先生に師事．

© 2014　　　　第1版発行　2014年5月3日

じゃぁ、そろそろ運動しませんか？2　（定価はカバーに表示してあります）
金槌親爺がたった2年でトライアスロン236km

	著　者	新　見　正　則
検　印 省　略	発行者 発行所	林　　峰　子 株式会社　新興医学出版社

〒113-0033　東京都文京区本郷6丁目26番8号
電話　03（3816）2853　　FAX　03（3816）2895

印刷　株式会社　藤美社　　ISBN978-4-88002-179-9　　郵便振替　00120-8-191625

・本書の複製権・上映権・譲渡権・公衆送信権（送信可能化権を含む）は株式会社新興医学出版社が保有します．
・本書を無断で複製する行為，（コピー、スキャン、デジタルデータ化など）は、著作権法上での限られた例外（「私的使用のための複製」など）を除き禁じられています。研究活動、診療を含み業務上使用する目的で上記の行為を行うことは大学、病院、企業などにおける内部的な利用であっても、私的使用には該当せず、違法です。また、私的使用のためであっても、代行業者等の第三者に依頼して上記の行為を行うことは違法となります。
・JCOPY〈（社）出版者著作権管理機構　委託出版物〉
本書の無断複写は著作権法上での例外を除き禁じられています。複写される場合は、そのつど事前に（社）出版者著作権管理機構（電話 03-3513-6969、FAX 03-3513-6979、e-mail : info@jcopy.or.jp）の許諾を得てください。